一流的教養

這樣教孩子，將來他會感謝你

金武貴、南瓜夫人（金女士）著　　謝敏怡 譯

培養領導能力的7大方針和55條秘訣

寫在前面——金武貴

能實現自我跟只會死讀書的人，兩者的差異從何而來？

我待過許多國家，接觸到從各國頂尖大學畢業、在世界知名的研究所進修學習，進入難以擠進的企業工作的菁英。

但我感到有意思的是，即使這些菁英擁有類似的學歷或IQ水準，卻區分成兩種：有自主性、自己做決斷、獲得周遭的信賴與聲望、能夠實現自我的「一流領袖」，跟總是很被動、沒有出頭之日的萬年員工。

充滿領導氣質的一流商務人士，跟只會死讀書的一流菁英，兩者之間的差距是從何而來的？

如果他們的IQ、就讀學校的品質跟進入公司之後的訓練沒有太大差異，那麼，我認為應該是起因於他們幼年時期的教育環境，也就是家庭教育的差異。

問卷調查的起因：想看看如此優秀學生的父母是什麼樣子

——培養孩子的領導能力，未來他會感謝你

我在探求「區別一流與二流菁英的家庭教育精髓」當中，很幸運的有機會針對頂尖優秀年輕人所受的家庭教育進行大規模問卷調查。

因為我在「東洋經濟ONLINE」連載的「直擊世界菁英！」專欄，跟出版《將世界菁英的工作方式整理成冊》（先覺出版）等著作的關係，有很多想進入跨國企業工作的求職者向我尋求職涯建議。

他們不只是進入所謂的頂尖大學就讀，甚至在學生時代就創業，帶領團隊援助開發中國家發展，在大學實驗室取得專利等，展現出非凡的領導能力。我越是傾聽他們的故事，就越感到佩服，因此「想要向他們請益」的想法越來越強烈。

「我好想看看這些優秀學生的父母是什麼樣子！」我馬上就以他們為對象進行問卷調查，看看他們是在怎樣的家庭教育下長大成人的。

問卷調查以東大、京大、早慶等校為主，訪問在學生時代就發揮突出的領導能力，進

入各種跨國企業工作的兩百多位學生。**請他們回顧自身的家庭教育，寫下特別感謝父母什麼？希望父母改善什麼？為自由作答式的問卷。**

本書介紹的大量問卷調查中，每個回答都富有教養的啟示，越是仔細閱讀，越是可以發現背後蘊藏著豐富的線索。而讓人驚訝的是，其中大多是社會人士也適用的「培養領導能力」的訓示。

於是，我開始以**「幼年時期怎樣的家庭教育，能培育成人之後的領導能力呢？」**為焦點撰寫本書。

孩子的觀點×父母的觀點×商業領袖的觀點

本書的第一個特點是，**透過孩子的觀點了解「將來，最感謝父母的教育方法」**。

如前所述，本書是以「優秀菁英學生的家庭教育方法」為大規模調查的基礎。本書介紹的學生不是只會死讀書的菁英，而是擁有自主性、出色的領導能力，是未來的商業領袖。

本書有系統地分類問卷回答，**用「7大方針55條秘訣」網羅重要主題，含括範圍廣闊。**

重視廣泛調查的原因在於，介紹某個教育出優秀孩子家庭的育兒方法，往往超出我們的想像範圍，而且那只適用於特定的家庭。

另外，**本書只討論非常重要、優先順序高的主題**。本問卷是請所謂的菁英學生，針對「回顧自身的家庭教育，最感謝跟最不滿的地方」回答，因此不會發生重要跟不重要的主題混淆在一起的狀況。

第二個特點是，從擁有豐富育兒經驗的父母觀點，來理解「不將傳統觀念強押於孩子身上的多元教育方法」。本書的共同作者南瓜夫人（也是我的母親）累計了一百六十年（四個孩子的年齡總和）的母親經驗，加上教育親戚寄養在我們家的孩子，育兒經驗豐富。

此外，她以豐富的育兒經驗為基礎，在「東洋經濟ONLINE」連載的超人氣育兒諮詢專欄長達三年。在這三年之間幾乎每週都在做諮詢，加上至今眾多的親戚、友人、熟人都找她商量，總計上百件家庭諮詢的經驗，因此非常熟知社會上各種家庭、孩子的類型。

她的四個孩子出生於京都的偏僻鄉村，長女現在是加拿大的大學老師，二女兒是在英國倫敦工作的公認會計師，二兒子是美國紐約州律師，而長子我則是進入了海外金融機構工作。我們兄弟姊妹雖然生長於同一個家庭，但個性截然不同。

長女天生就喜愛閱讀，穩重大方。二女兒天生就極為一絲不苟、很勤奮努力，是個完美主義者，但很頑固。身為長子的我基本上只做有興趣的事，講好聽點是自由主義，講難聽點是非常討厭麻煩的人。身為老么的弟弟是胸有大志的冒險家，但總是極力反抗我，因此我覺得他任性且自我中心。

有鑑於孩子的多樣性，因此，本書不定義育兒的一般見解，不以說服大家為目的。而是介紹眾多優秀人們感謝父母的「優異教育方針的最大公約數」，但最後把重點放在介紹多元的「成功模式」，協助各位判斷符合父母孩子的個性以及家庭環境的教育方法。

而且，在閱讀父母為孩子所做的各種努力例子時，各位讀者應該也可以回想自己是如何在父母豐沛的愛下成長的吧。

本書的第三個特點是，這並非單純的育兒書，也是培養領導能力的書。

本書討論的是培育孩子「自主性」「寬廣視野」「堅毅」「溝通能力」「學習習慣」「自制力」跟「信賴感」的方法。從那些主題，應該可以看出本書雖然是育兒書，但本質上卻跟培育在各種商業領域取得成功所需的領導能力有所關連。

另外，在各個章節的開頭會明確地解說，我至今在跨國企業看到那些充滿領導能力的一流菁英，其行動特徵跟這次談論到的領導能力教育有什麼關連。

我也在實際廣泛地訪談了國際顧問公司、金融機構、多國企業的菁英跟創業者中，詢問「生氣勃勃、實現自我」的一流領袖，「小時候的家庭教育方針當中，什麼地方影響了你的行動特徵」跟「你用什麼樣的教育方針教養自己的孩子」，藉此描繪出「培養領導能力的教育方法」的圖像。

本書集結超過兩百位菁英學生的「孩子觀點之下的家庭教育」，加上南瓜夫人合計一百六十年身為母親的經驗而來的「父母觀點」，跟我廣泛工作經歷中遇見的「全球商業領袖觀點」，是以複合式觀點整理成**實現自我領導能力的人材培育手冊**。

好懂、好記、容易想起的「父母教科書」

本書為了讓讀者好懂、好記、容易回想，在章節的結構安排做得非常徹底、講究。本書不僅於目次與開頭摘要了整體內容，在各章的開頭也分別抓出章節內容重點，並利用小標題再擷取出各小節的內容。

南瓜夫人所撰寫的本文，也會在開頭數行強調想傳遞的訊息。另外，重點會用粗體字強調。各個主題的文章結構，則設計成問卷調查結果，加上南瓜夫人的解說與豐富的實例，使讀者可以鮮明地想像具體作法。

本書下了點功夫，讓讀者可以簡單地喚起記憶，在各章的最後，有可作為「父母診斷測驗」的「各章重點」，以問題的形式彙整要點，隨時都可以自行複習。

比進入好大學、好公司還重要的東西

本書目的不是只為了教養出頭腦聰明的孩子，也不是為了教出很會念書、進入好大學，或者進入大企業獲得高薪的育兒書。本書關心的重點，比上述那些都要來得眼光遠大。

進入好大學或好公司，並不代表結束，而是把眼光放遠，以同時培育實現自我的自主性與領導能力為目標的「一流的教養」。

「頭腦的好壞、大學的排名都不重要，只希望孩子的人生可以過得幸福快樂」，這不是眾多父母共同的心願嗎？

市面上有許多「聰明孩子的教養法」或「如何把孩子送進東大、哈佛」這類的書籍，**但幾乎都沒有如本書如此廣泛地調查，以複合式的觀點討論，開闢幸福職涯、人生道路的「被孩子感謝的教養法」**。

我非常高興能夠跟母親南瓜夫人共同撰寫「教大家培育能夠自主地開拓幸福人生的孩子」這本書。

如果你想要教出能自行開拓幸福人生、活出自我的孩子，那我強烈推薦你看這本書。

而想在商業或是運動等各種領域發揮領導能力的人，或是想積極開闢職涯道路的人，也都適合閱讀本書。

那麼，各位親愛的讀者，為了孩子，甚至進一步為了發揮自己的領導能力，尋找具體的啓示，就讓我們開啓刺激的旅程吧。

※本文中，各個章節開頭淺棕色頁數為金武貴撰寫，其他則為南瓜夫人撰寫。另外，問卷調查基於保護個資跟易於閱讀，稍加編輯修改。

第一章
讓孩子的「自主性」發揮到最大——
培養了解自我、自己做決定的能力

第二章 拓展「視野」，引導孩子尋找天職——增加選項，往擅長領域精進

讓孩子養成拓展視野的習慣，尋找自己的天職 078

I 拓展視野

II 開拓通往天職的道路

第二章的重點

第三章 培育堅持不懈的「堅毅」品格——讓孩子認真挑戰，不輕易放棄

第四章

——磨練一流的「溝通能力」——
獲得他人信賴之溝通能力本質

第五章 讓孩子自動自發地念書——比起放任或強迫，「創造動機」更重要

第六章

讓孩子「學習念書以外的東西」——比起考試學習，「家教」才是孩子一輩子的財產

〈序言〉

孩子感謝父母什麼樣的教育方針呢？

南瓜夫人

回顧我養育四個孩子的生活，從第一個孩子出生到離開家裡，當然對我而言都是初次體驗，也是拚命的、摸索的，充滿反省跟後悔的經驗。

生下第二個孩子之後，因為有前面的經驗跟教訓，也擁有了蒐集資訊的能力，育兒突然變得輕鬆容易。在過去，像這樣將教養第一個孩子所獲得的教訓，活用於第二個孩子上，是很常見的事。

但現在家庭平均只擁有一個孩子，再加上核心家庭化，周遭實在沒有太多可以商量育兒問題的人。即便是大家庭，在變化劇烈的現今社會，前一個世代的經驗與意見已經無法套用。

市面上的育兒書籍，不是因為作者本身條件優越，不然就是孩子本身就很優秀等，都有稍嫌不足之感。

正當我心想，**如果有一本大家都可以參考的「父母的教科書」該有多好**的時候，就獲得了撰寫本書的機會。在此最想重視的是，「讓育兒要點的優先順序更明確」。

本書是以龐大的家庭教育問卷與訪談為基礎。雖然問卷是以自由作答的方式進行調查，但**學生回答「感謝」父母的育兒方式，其主題都有許多共同項目**。

例如，很多學生都異口同聲地提到了「讓我自主做決定」「拓展我的視野」「培育我的溝通能力」「不強迫我念書」「協助我尋找喜歡的事情」等「感謝父母的最重要育兒法」**而本書就以這些最重要的要點構成各章中心主題**。

另一方面，回顧我自己的育兒經驗，即便是同樣的雙親、同樣的環境教育出來的孩子，四個孩子的個性卻天差地遠，因此，我認為在討論育兒的具體方法論時也無法以一概全。

在此，本書另一個特點是，**不以一般觀點強押於孩子身上，為「順應孩子個性、多元的育兒參考書」**。在各個章節列舉出的具體育兒方法，有時也會同時介紹相異的教育方針。

此外，我並不完全同意問卷調查所有的意見，也非強力推薦。

因為我自己的四個孩子個性差異很大，同樣的育兒法並未直接用在每個孩子身上，讓我深刻體會到育兒沒有所謂的一體適用的方法。

有些孩子，即便放任也可以成長得不錯，但有的孩子則必須提供具體明確的建議，有時甚至要強迫。有的孩子交友廣闊、身段柔軟，但不認真。而有的孩子很認真，但非常頑固。也有就算拿走遊戲機、禁看電視也不念書的孩子，但用獎賞卻立即見效的情況。

每個孩子的個性都不一樣，動力來源也不同，**因此，「不可以用金錢引誘孩子念書」「要用誇獎教育孩子」等一般觀點可以拿來參考，但不可以當作絕對原則**。

實際上，本書的問卷中，有期望父母放任孩子自己作主的意見，也有希望父母可以嚴厲管教跟近乎過度保護的協助聲音。有希望任何事都讓孩子去挑戰的建議，也有應該掌握孩子認真程度再給予支持的想法。另外，也有父母應該要經常尊重孩子的想法，也有認為不可以讓孩子輕易放棄才藝等等學習的人。

在那些看似一體兩面的教育方針當中，哪個才是最有效的，則須視孩子的個性與個別家庭的環境選擇。

即便有符合很多成功例子的育兒模式，也不代表可以全部套用。如果各位可以**從本書廣泛的「成功育兒模式」當中，挑選適合自己孩子的教育方針，那我也感到十分榮幸**。

本書的第三個特點是，**不需要在得天獨厚的環境，任誰都可以實踐的「親近性」**。本書介紹的55條育兒秘訣，有大半都不用花什麼錢，就算孩子不是天才也可以實踐。

讓孩子自己決定事情，帶孩子去二手書店或圖書館親近閱讀，孩子一旦開始新事物時，不讓他輕易放棄，親子之間無話不談，培養重視他人觀點的溝通能力，教導學習的樂趣，讓孩子知道信賴的重要性，這「7大方針的要點」不需要是特別的家庭環境、資質優異的孩子跟父母也可適用。

我之所以能夠撰寫本書，都是因為我自己是拙劣的父母，而且孩子也有很多不足之處。如果我做到了本書介紹的「育兒法」，就會把55條育兒秘訣當作「理所當然」，也不會覺得應該要撰寫成書與大家分享吧。

然而，我從本書介紹的「孩子感謝父母的育兒法」眾多實際例子中學習到很多。正因為我自己是「需要反省的平凡父母」，很多地方都沒做好，而我的孩子們也不是「任由自己作主就會成長的優秀孩子」，所以才能察覺到問卷調查結果的重要教訓。我不是厲害的母親，正因為我什麼都不是，所以才非常了解「平凡父母、平凡孩子」的心情。

我的兒子絕對不是天才，他們跟姊姊不同，對念書完全沒有興趣，是用棍子逼迫也不會坐在書桌前的淘氣男孩。

從「普通的歐巴桑」，將那「放任不管的話絕對會完蛋的孩子」拉拔成還像樣大人的育兒經驗，讓我應該可以跟大家用相同的角度、用親近的方式一起來討論育兒吧。

我在「東洋經濟 ONLINE」的專欄連載等管道，接受各種家庭的育兒諮詢，深切體認到從普通家庭的實際情況，到家庭限制多的家長心情與辛勞。

我自己作為四個孩子的母親，在京都鄉下不斷嘗試和錯誤，養育孩子長大，因此，我將以一位母親的觀點寫成本書。

如果本書對現在正在養育孩子的媽媽爸爸、即將為人父母的夫妻、有孫子的祖父母跟育兒相關人士稍有幫助的話，是我最高的榮幸。

第一章

讓孩子的「自主性」發揮到最大——

培養了解自我、自己做決定的能力

讓孩子自由地做決定，協助孩子活出自我

「要按照自己的想法過日子！」

「有自主性是最重要的！」

沒錯，扯著大嗓門怒吼著的，就是我已過世的父親大嗓門先生（他的聲音跟身體眞的很大）。

在進行教養方法的調查時，**回答最重要的教養方針是「自由放任，發揮孩子的自主性」者壓倒性的多**，但弔詭的是，嘴巴說著「透過自由放任，發揮孩子的自主性最重要。」但行爲卻完全相反的父母，包含我們家，卻出乎意料的多，不是嗎？

我的大嗓門爸爸嘴上說：「自主性最重要。」但去燒烤店時，連餐點或飲料都不讓我

自己決定。而且父親絕不會允許孩子質疑他的結論，他對自己堪稱京都第一的頑固脾氣相當自豪。

父親並不曾干涉我的出路，但那只是單純的把教養責任全部丟給母親罷了。雖然他並沒有給予具體的建議或選項，卻幫我描繪了個大夢：「不管怎樣，你至少要成爲某個國家的總統！」

想要培養出有自主性的孩子，但實際的教育方針卻完全相反……我們不該讓越來越多的家庭爲此煩惱。接下來，在第一章的開頭，我們就來討論**自主性到底是什麼？又該如何培養**？

依據本次的問卷調查，我們發現培養自主性的具體方法有以下關鍵字：

讓孩子自由地做決定

1. 給予孩子自由，探索自我。
2. 讓孩子自己設定目標。

3. 尊重孩子對未來出路的想法。

不過度干涉，從旁協助孩子

4. 尊重孩子的自主性，但也給予充足的意見。
5. 提供各種選項，讓孩子做最後的決定。
6. 不要過度保護孩子。

讓孩子活出自我

7. 尊重孩子的個性。
8. 與其「不要造成別人困擾」，不如「對他人有幫助」。
9. 從「小地方」建立孩子的自信。

如本書開頭所述，在撰寫本書時，針對相當有自主性的菁英大學生進行問卷調查，並且訪談多位企業領袖。當問到「自己受過的教育方針中，最重要的爲何」時，很多人都異口同聲回答：**「讓孩子自己思考想做什麼，然後自己做決定。」也就是自主性教育的重要**

性。

有一位具有獨特領袖氣質的社長，他創辦某知名媒體公司，經過一番努力讓公司股票上市，他舉出自己所受的家庭教育特徵：**「不要以『因為別人這樣做』作為自己判斷的理由」「即便行動相同，是否為自己思考之後的結果才是重要的。」**

日本私募基金業界的先驅者之一、創辦知名企業的社長也說道，父母從他小時候就苦心教導「不要隨波逐流的重要性」，並說：**「如果別人做小偷，難道你也要做小偷嗎？」**

有位創投企業合夥人的友人有感而發地回顧：「過去總是以他人爲基準決定自己的職涯發展，從30歲之後開始以自己爲中心選擇工作，這件事情對我來說意義重大。」

另外，我有些朋友雖然很早就在高盛集團或麥肯錫等國際一流企業出人頭地，卻跳槽到NPO、新創公司或自己創業，並且很快在那個領域占有一席之地，我也廣泛地詢問他們所受的家庭教育之特徵爲何。

最常出現的回答是：**父母持續不斷詢問：「對你而言什麼是最重要的，你喜歡什**

麼？」

也有人說，雖然在家裡或學校都不曾被父母唸說要「好好念書」**，但自年幼時期開始，藉由不斷被督促要好好思考「自己喜歡什麼？想要做什麼？」等問題，學習到掌握自己的習慣。**

這種自主性的有無，是畢業自優良大學卻表現平平的人，與出社會之後也能持續活躍者最大的分水嶺。

在香港大學念教育學的友人說，教育學一直到最近都認爲**「自主性的有無」是左右長期職涯發展最重要的因素**。實際上，跨國企業的徵才面試，或是決定年終獎金的人事考核，都將「這個人有沒有自主性」或「是否有自我標準」作爲考核基準。

有領導能力的人有堅定的「自我基準」，因此不會隨波逐流，做出沒有偏差的判斷。不會因爲自己跟別人不一樣而感到不安，能夠承擔風險、面對挑戰，充滿自信地做出決斷。像他們這樣的人，用英語來說就是確立了自我認知（Self-Awareness），**知道對自己而言什麼是重要的，自己想要做什麼。**

相較之下，二流的「被動型菁英」總是等待上司的判斷，**只以自己的意見是否跟周遭相同，以他人作為判斷標準**。

他們過度重視合作協調性。雖然不會造成周遭困擾，但因爲完全沒有自信跟自主性，只能被公司當作棋子。

具有領導能力的年輕人了解對自己而言什麼是重要的，自己想要做什麼，不隨波逐流，主動地開闢出屬於自己的人生。重視自主性教育的父母，他們是如何培養出成功領袖其不可或缺的「自己做決定的能力」呢？

接下來，南瓜夫人將跟各位一起思考，自我實現關鍵「自主性」的具體教育方法。

1 給予自由，探索自我

——讓孩子自己做出決斷，加深自我認識

問卷調查結果

＊培養自主性的自由

我雙親的教育方針是「讓孩子活出自我」，不曾干涉我的學校成績或未來出路。雖說如此，他們並不是毫不關心我，而是經常掛念我的事，持續給予我支持。

我非常感謝這樣的教育方針。無論自己走過的路如何，**因為是自己決定的道路，所以能夠認真反省，持續努力下去。**

（東京醫科齒科大學生命資訊科學教育學系S同學）

★自由放任，放手讓孩子尋找自己想做的事

我父母最棒的地方就在於，自由放任地養育我長大。因為如此，我在很小的時候就養成習慣，自己的事情自己決定，對自己有責任感。

例如，**我的父母不曾對我說出：「好好念書」「去考那所高中」等強迫式的命令與指示**。即便是學習才藝，他們也不會不講理地強迫我，而是讓我自己去尋找想做的事情，支持我的選擇。

（東京工業大學T同學）

★培養孩子成為能夠自己做決定的人

小學低年級以前，我接受父母的建議開始學習鋼琴、書法跟英語等才藝課。升上高年級之後，父母讓我自由選擇，停止我沒有興趣的才藝項目。

上國中之後，**上哪間補習班或高中的選擇權都在我身上，父母只負責出錢**。上高中之後，父母把學費跟生活費直接交給我，讓我學習管理金錢。

（早稻田大學政治經濟學系K同學）

透過自由放任，發揮孩子的自主性

——讓孩子尋找「自己喜歡的事情」

唯有讓孩子自由地做決定，才能夠培養孩子的自主性，這也是本書最想強調、也是最重要的教訓。**讓孩子自由地尋找喜歡的事情，是讓孩子探索自我，了解「對自己而言什麼是重要的，自己喜歡什麼」，跟培養「自己做決定的能力」的關鍵。**

父母從頭到腳都幫孩子打理好，孩子只要循著他們安排好的路，將會「只聽從他人指示，不自己思考」，變成沒有決定能力、被動順從的人。

本次的問卷調查當中，多數同學的回答都是自由放任的家庭教育，才藝學習或出路的選擇權都掌握在自己手上。

他們感謝父母教育方式的同時，也深切感受到父母對自己的信賴之深厚，因此無論面對什麼事情，都能積極主動、有責任感地自己處理。

我從自己的失敗經驗中，強烈感受到**「父母不要擅自決定孩子該學什麼才藝」**的重要性。我讓每個孩子都學習了鋼琴或游泳等5到6種才藝，都是我擅自決定的。

最大的兩個女兒個性非常認真且好奇心旺盛，無論是什麼才藝都很樂意學習。比較愛玩的兒子們受到姊姊的影響，把學習才藝當作是「義務教育」，理所當然地開始學習。

然而，**被強迫的才藝學習不會持久**。兒子們上小學後，可以從朋友獲得比較多資訊，有一天，長子興奮得滿面漲紅，一踏進家門，就對著我大喊：「媽媽，原來不學鋼琴也可以耶！」很開心地告訴我這個新發現。

現在回想起來，實在是個令人羞愧的笑話。但我一直讓討厭上才藝課的兒子以為「法律規定兒童有學習鋼琴的義務」。那天之後，兒子完全無法吸收課程內容，不久就停課了。

其他像是馬上就停課的書法課，也是我擅自把自己的夢想寄託在孩子身上，希望他們可以精通十八般武藝，而要求孩子去上的才藝課。

但是，**孩子內心如果覺得「被爸媽強迫」，再怎麼樣也不會主動**。

相反的，問卷調查中「在幼兒時期讓孩子自己選擇想學的才藝」的家庭居多。

而且，以小見大，**日常生活的大小事情，只要是孩子的事，就讓他們自己做決定**，父母的教育方針才能確實地傳達給孩子們。

有自主性的孩子，在人生最初的關卡，也就是國中入學考試或那之前選擇補習班的時期，就跟教育成被動性格的孩子截然不同，他們已經準備好自己決定未來的出路。

很幸運的是，我家在孩子們上國中之後，就轉換成自由放任的教育方針。孩子們一旦成爲國中生，幾乎所有的事都交由他們自己打理。

我們曾經讓孩子去補習班加強不擅長的科目，或是聘請家教等，但如果孩子自己判斷要停止，就儘早停止。如果像小學時期，因父母單方面的想法，而勉強孩子持續下去的話，只會造成反效果。

父母很容易一直把孩子當作小孩。然而，**大膽地相信孩子，放寬孩子的決定權**，對於培育孩子自身的價值觀（對自己而言什麼是重要的，自己喜歡什麼，想做什麼的自我認識）是非常重要的。

如果不讓孩子養成自己做決定的習慣，便是扼殺了他們自主性的嫩芽。會使孩子變成「不知道自己將來想做什麼、什麼事都無法自己做決定、毫無領導能力」的大人。

2 讓孩子自己設定目標

——沒有孩子會朝向「討厭的目標」努力

問卷調查結果

★**「決定權」能夠培養自主性、思考能力與決斷力**

我雙親的教育方針是，跟我有關的重要事情都讓我自己做決定。判斷需時常跟自己下一個階段的展開、未來圖像，或是與假定的目標有關聯。思考各種風險，假設多種可能，訂定目標，選擇並決定達成目標的最佳方法。反覆這樣的思考過程，**培養了我思考與決斷的能力，並且學習獨立自主**。

（東京工業大學工學系O同學）

★讓我自己設定具體目標

父母總是讓我自主地設定具體的目標，即便是給我零用錢時，也會要求我說明：「為何需要這筆錢？」「想要在什麼時候用這筆錢，必須花費多少錢？」因為如此，提升了我下決定的速度，同時也對自己的決策變得更有自信。

（一橋大學法律系 I 同學）

自己設定目標，專注力大不同

——不要用父母的想法壓迫孩子學習才藝

想要培育出能夠自主思考的人，首先就從讓孩子自己設定目標開始。**沒有孩子會努力奔向自己不想抵達的目的地。**

從本次的問卷調查結果也可得知，大多數的家庭相當重視「讓孩子設定目標」。

我家的孩子也是，一旦自己決定必須前進的目標，念書的專注力跟沒有設定目標時相比，就像是換了個人。大學入學考試時，沒有設定目標，書念得漫不經心的孩子也是，當自己想成爲會計師、取得MBA學位，設定好目標之後，念書的專注力截然不同。

自己決定好目標的孩子，其努力程度遠遠超乎父母的想像。我最小的孩子依照自己的意思考進美國的大學後，拚了命念書。當時他告訴我，周遭的朋友半夜也待在圖書館，這並不稀奇。他在日本時總是被我強迫念書，絕對不會自動自發地乖乖坐在書桌前，現在他就像是變成另一個人。

他從美國的大學畢業之後，進入金融機構工作。但待沒幾年就說他要開始念書，這次想要成爲律師。在那之後，兒子相當努力地念書，在非常短的時間內考上紐約州的律師。**他會如此努力，正因為他是為了自己決定的目標奮鬥。**

長子也一樣，以前他常躲避父母的監視，沉迷於玩遊戲機。受義務教育時，都偷懶不寫學校的作業，也在成爲社會人士後、30歲左右時決定要取得MBA學位，在那之後念書的專注力判若兩人。

據弟弟所說，長子已經在取得MBA學歷的人都想進去的公司工作。明明繼續留在原本的公司工作也可以，但是，他一旦決定好了目標，無論誰說什麼都聽不進去，這一點兩兄弟非常相似。他第一次擁有強烈的渴望，換了個人似的努力念書，在留學地學習到很多。

虎年生的二女兒在決定好職涯目標之前，在國際交流機構工作，回到家就是觀看棒球賽，生活相當悠哉。然而，一旦決定好目標，便發揮老虎般鎖定獵物的專注力，在會計師執照取得不易的年代，準備不到一年就一次及格。

我向上天發誓，我的孩子們一點也不優秀，實在稱不上非常努力，但一旦面對自己決定好的事情，便發揮了超乎想像的專注力。

從以上應該可以看得出來，**為引導出孩子的自主性、責任感與專注力，讓孩子自己設定目標是多麼重要的事**。

現在就停掉因父母的期望而勉強孩子去學的才藝課程，把空出來的時間用來與孩子一起尋找想做的事吧。因爲讓孩子自己決定目標，才是最能引導出孩子自主性的方法。

3

尊重孩子對未來出路的想法

——重要的事情交給孩子決定

問卷調查結果

★尊重孩子的想法，對孩子人格的形成影響甚大

我認為，多虧父母從幼年到高中時期貫徹尊重孩子想法的教育方針，才有現在的我。特別是自幼年時期開始，父母藉由**提供任何事都可以按自己的意思做決定的環境**，讓我對自己做的決定負責。

（東京大學工學院研究所M同學）

★重要的決定事項交給孩子，培養孩子的思考能力

我父母採取的教育方針，是將未來出路等重要事項都交給我決定。我認為「自己的事情，自己決定」這樣的教育方式造就了現在的我。

舉例來說，就連大學升學也全部由我決定，父母唯一做的，就是贊成我的決定。實際上，我曾向父母徵求意見，但他們也只回我一句：**「你自己思考，然後選擇不會後悔的選**

項」。

（東京工業大學工學系O同學）

★敢於把決定權交給孩子，讓孩子對自己負責

感謝父母讓我自由地選擇未來出路。從是否要補習、要進入哪所國中、選擇理科還是文科，到選擇哪間大學、那個學系等，跟教育相關的大小事，在我還小的時候就交給我自己決定，父母完全不會干涉。

即便他們知道那樣有危險性，但還是果斷地把未來出路交給孩子選擇，**讓孩子對自己負責**。因為如此，孩子變得會針對自己的將來認真思考、採取行動。

（東京大學研究所O同學）

強迫孩子按自己的安排走，會在孩子的人生埋下隱憂
——孩子背負的「後悔種子」

雖然讓年幼的孩子自己決定未來的重要方向確實需要勇氣，然而父母可以做的就是提供孩子選擇未來出路的判斷素材，最後尊重孩子的想法。

協助這份問卷的，都是所謂的菁英大學生，**這些學生的家庭大多是「讓孩子自己決定未來出路」**。另一方面，我知道好幾位並未出現在問卷上的年輕人，他們的家庭不尊重孩子對未來出路的想法，因而讓他們迷失目標、走得跌跌撞撞。

有些孩子被迫接受自己不想要的未來出路，浪費了與生俱來的才能，因此對父母怨念極深。小勉（假名）還小的時候，我就知道這個孩子。

他背負著要繼承大醫院的第三代命運出生。我時常有機會跟他碰面，他聰明伶俐、教養佳，全身上下散發出非凡的氣質，非常有禮貌，努力又老實，很受大家喜愛。

他的母親非常熱心教育。但就算父母再怎樣熱中，真正在念書的是孩子本人。不知為

何，小勉在考高中時，並未考上第一或第二志願。

無從得知這是否為本人的選擇，他大學也重考了三次醫學院。

他所有的挑戰都以失敗收尾，最後完全失去人生方向，迷失了自我。大家都說，原本聰明伶俐且努力的小勉會變成那樣，**都是因為他的母親過於嚴厲，強迫他接受不想走的路**。

雖然可以理解母親可能也有她的理由，但她失去了初衷跟孩子，是不爭的事實。

還有其他的例子。我的友人繪美也是在父親嚴格的教育方針之下成長，大學除了醫學院以外沒有其他選擇。但她對當醫生完全沒有興趣，重考一次之後，雖然再度挑戰了醫學院，但之後乾脆放棄考大學、開始工作。

繪美建立了自己的家庭，看似過著順遂的美滿人生。其實她非常有美術才華，因此她至今仍深感後悔，就算跟父親吵架也要貫徹自己的志向，應該要挑戰考美術大學才對，對父親不滿的情緒也一直糾結著她。

我們家也是，在孩子小的時候採取高壓式的教育。但幸運的是，孩子們上國中之後改變了教育路線，全部交由他們判斷。這個方針相當奏效。

從小學強迫孩子們學習才藝，升上國中後突然轉變，無論是念書或出路選擇都不干涉。我們也可以大聲地說：「我們家也是採取自由放任的教育方針！」但之所以會改變教育方針，並不是因爲我們完全信任孩子。

在跟孩子們密切接觸之前，我發現**跟他們比較起來，我們完全跟不上時代，是徹底的資訊白癡**。因此，如果過度干涉孩子的出路，反而會害到孩子。

我時常謹記在心：「父母不知道或是不了解的事情，就交給孩子自主決定。」「如果發覺反對孩子是錯誤的時候，馬上就認錯撤回。」因爲**沒有什麼事情是比，閱歷淺薄又跟不上時代的父母自以為是地妨礙孩子的未來，導致與孩子之間留下心結還要難堪**。

就結果而言，許多優秀學生的家庭，他們之間唯一的共通點應該就是「父母不會強迫孩子走上他們決定好的道路」。

4 尊重孩子的自主性，但也給予充足的意見

——「放牛吃草」的孩子長不大

問卷調查結果

★自由放任過頭，就只是單純的放牛吃草

我的父母講好聽點是讓我自主管理，但完全不會給予意見，幾乎是放牛吃草。**很希望父母當時可以提供他們身為社會人的建議、想法、技能或知識。**

（東京大學經濟學研究所N同學）

★在給予重要的決策權之前，希望父母先提供判斷的指南

我的家庭始終貫徹著這樣的教育方針——跟孩子將來相關的事，全部交給孩子決定。

例如，高中畢業時，**父母把大學四年所需的學費、生活費一次交給我，那筆錢全權讓我自己決定如何運用**。只是，決定未來的決策權實在太大，希望父母在容易走錯路的小學、國中等時期可以提供一些方向。

（東北大學H同學）

✶不滿父母一味地說：「你自己決定啊。」

我父母從頭到尾都依循「你自己想辦法長大」的教育方針。我從國中開始上補習班，那並非被父母逼迫，而是我自己的意思。因為一切都是依據上述教育方針，我必須自己決定所有的事，在選擇補習班時非常苦惱。

即便跟父母商量，他們也只是一味地說：「你自己決定啊。」但實際上我曾經做出錯誤的選擇，因此**希望父母可以多給予一點意見**。

（中央大學M同學）

「放任」跟「放牛吃草」不同
——父母的建議在孩子長大之後才會有效果

本書從剛才就不斷在討論，讓孩子自由地決定目標跟出路、尊重孩子的想法，是培育自主性的基本，**但「放任」跟單純的「放牛吃草」當然是不同的**。

如果沒有提供任何建議，就突然讓資訊跟思考能力尚未成熟的孩子決定所有的事，成功的例子極為稀少。大多數回答問卷的人，也認為「放任跟放牛吃草是不同的」。

父母單方面決定為孩子好的選項，使勁地拉著孩子往前進，這樣比較輕鬆而且不花時間。但是，**這樣無法培育孩子的自主性**。

另一方面，「全部都交給孩子判斷」，身為父母卻沒有提供任何建議，說不定還比過度保護的父母好。

但是，不少學生不滿的是「父母完全沒有提供任何意見，我一路走來很辛苦」「很希望父母當時能多給我一點建議」。這算是父母的罪責，是放棄養育責任。如果父母依據他們的經驗或廣闊見識提供孩子建議，就長期而言，孩子可以做出更多好的選擇。

我們家對於小事並不會提供孩子建議，但**唯有針對未來方向，我的先生強烈地提供孩子「意見」**。

我先生從孩子還小時，總是對他們說：「人生志向要放得遠，要出人頭地，並且對他人有所幫助。」他所謂的「志向」，是要求孩子們以成爲總統爲目標。這時常會讓我覺得有點恐懼，因爲孩子們將來不論做什麼職業，應該都無法滿足我先生的標準。

此外，我先生經常對還是小學生的孩子們訴說宏願：「爲了溫飽而賺錢，拿多少薪水就做多少事，這樣多無聊啊。你們要是不做有夢想的工作，以後一定會後悔的。」雖然聽起來有點狂妄，但實際上，卻意外地在孩子們的人生叉路上成爲指標。

多年之後，老么拒絕了海外金融機構的高薪工作機會，開始準備律師證照考試等種種的挑戰，讓我百思不得其解。原來當他面臨出路的選擇時，**是以父親所說過的「有夢想的工作，對他人有幫助的工作」作為選擇標準，每一次都做出正確的決定**。

就超級現實主義的我來看，年幼孩子根本就聽不懂我先生不切實際的大話，但沒想到，我先生幫孩子規畫的大夢卻帶給了孩子們希望。

灌輸孩子們夢想跟希望，不但可以讓孩子擁有寬廣的視野，也可以協助孩子們有「野心」地思考事情。

如果父母希望孩子了解某些概念，其實並不太需要考慮年齡，就告訴他吧。即便你說的事孩子無法全部理解，只要講個大概，可能幾年之後孩子想起來時便可以理解。盡可能避免爲了等待良好的時機點，卻因此失去與孩子談話、提供建議的機會。

5 提供各種選項，讓孩子做最後的決定

——透過不斷的選擇，培養判斷能力

問卷調查結果

★提供「可能性」，但不強迫孩子

我的父母從來不會強求我去做任何事，頂多**只提供我具體、有執行可能性的選項**，實際做決定的人通常都是我。因此，我透過經常自己決定事物的過程，變得能夠思考是否有其他可能性，學習到自主地摸索各種可能性的態度。

（慶應義塾大學理工研究所K同學）

★提供孩子幫助思考的「素材」

我認為，發揮孩子自主性重要的地方在於：「提供好幾個選項給孩子之後，讓他們自己做決定。」

當我面對某件重要的事，不得不做選擇時，父母都會提供好幾個選項給我，最後把決定權交給我。例如，到了要開始上補習班的時期，**父母調查了好幾間補習班，告訴我每間補習班的課程跟實績等資訊**。然後一再問我：「你希望透過補習班達成什麼？」最後讓我自己選擇補習班。

多虧了父母這樣的教育方針，我變得可以客觀地審視自己，並且能自主地展開行動。

（京都大學法律系T同學）

提供「符合個性的選項」——父母比孩子還要會蒐集資訊

協助年幼期的孩子自主判斷，應該要以「客觀地分析情況，提供各種選項之後，讓孩子自己做決定」的態度作爲目標。

孩子年幼的時候，爸媽擁有的資訊量遠多於孩子，而且就資訊蒐集能力而言，也是父母的能力比較好。依據孩子的性格、能力與時期，父母帶頭蒐集資訊，然後把資訊展示在孩子面前，會比全部都交給孩子自己來要好。

從這個問卷調查結果可以看得出來，有不少學生認爲，**在小學生時期選擇補習班時，應該由父母蒐集資訊並提供給孩子**。

父母應該提供符合孩子個性的選項。我們家則是以父母爲本位的各種理由，讓孩子去學習才藝。例如，以希望自己的孩子會彈鋼琴爲理由，把孩子送到鋼琴教室；夫妻兩人字都寫得很醜，所以孩子都去上書法教室；因爲朋友開設了繪畫教室，希望教室學員絡繹不絕，就把孩子全都送去學畫畫等。

游泳、珠算、少年棒球等，全部都是因爲這樣的理由才去學。女兒們很開心地去上爸媽幫她們決定的才藝課，然後因爲發展性的理由停止課程。另一方面，兒子們除了游泳以外的課程全都半途而廢。

我們家錯誤的地方在於，因爲女兒學得很開心，也讓個性不同的兒子去學習一樣的才藝。會做出這樣的判斷，是因爲我們認爲，如果讓兒子自己決定是否要學才藝課，他們一定會選擇不學。

但如果讓他們自己選擇，就算中途放棄，應該也有機會可以教導他們努力、責任感與慎重判斷的重要性，但我卻完全忽視了孩子的個性，把我的選擇強加於他們身上。

兒子因爲自己的期望與特質被忽視，完全是被強迫才去上課，最後只覺得無趣，什麼教訓都沒學到。

雖然讓還年幼的孩子蒐集資訊有點困難，但父母依據孩子的適性，蒐集讓孩子思考的材料，**提供選項給孩子選擇，會是訓練孩子判斷能力的好方法**。

重視孩子的自主性，跟把事情統統丟給孩子處理不同。這同時也是自我警惕，父母要能夠確實地區分什麼是放棄父母的責任或怠慢，何謂建議跟強求。提供對孩子有幫助的選項，最後讓孩子自己決定，是見識高遠的父母應該要做到的。

另一方面，如果父母超越了提供建議或選項的尺度，就會陷入後面要討論的「過度保護」陷阱。父母提供意見給孩子時，如何在單純的放牛吃草跟過度保護之間取得絕妙的平衡點，便是關鍵。

6 不要過度保護孩子

——過度保護跟放棄養育之間的平衡

問卷調查結果

✶ **有的時候要放手讓孩子自己去做**

我希望父母可以改善的地方在於，他們某種程度上對孩子奉獻過頭，使得孩子太依賴父母，難以養成孩子的自主性與積極性。我想說的是，**有時候適度地放手，對孩子的成長**

是必要的。

（東京大學法律系K同學）

★「我幫你做」會剝奪孩子磨練能力的機會

我的父母在某些地方會過度保護孩子，例如，校外教學的事前準備，或是填寫必要的資料等，他們都會幫我做好。但突然必須自己來的時候，我卻什麼都不會，這時常讓我不知所措。這些事使我強烈地了解到，**「什麼都幫孩子做」的同時，也是「剝奪孩子磨練能力的機會」**。

（東京理科大學I同學）

重視讓孩子體驗各種「失敗」的機會

——失敗是打好基本功的機會

「完全沒有父母建議或支持的自由放任」，有時只是單純的放棄養育，雖說如此，父母如果什麼都幫孩子做好，孩子會被養育成什麼都不會的人。**在過度保護與放棄養育之間取得絕佳的平衡點**，正是顯露父母教育本事之處。

雖然說得頭頭是道，但實際上我是個在孩子幼年時期過度保護孩子的反面教材。長子在學生時期參加露營等活動時，朋友都相當掌握團隊合作的要點。正在準備時，長子卻常常不知道該做什麼，只會在旁邊觀看。長子察覺到因爲我的過度雞婆，導致他很多事都不會自己做之後，向我表達了不滿。

還有其他的例子，例如，當長子從家裡搬出去時，幫忙搬家的先生發現兒子完全不知道從何下手、組織能力很差時，很氣我過度保護孩子。

父母如果幫孩子打理好所有事，**即便當時每件事都能按部就班解決，但就長期而言，會讓孩子缺乏能力**。讓我想起，在長子小學高年級時，我理所當然地幫他準備遠足或住宿的行李，二女兒看到這個情況，驚訝地說：「連這種事都不讓他自己做，是想把他養育成怎樣的孩子？又不可能幫他做一輩子。」

因爲幫孩子做比讓孩子自己做快，在忙碌的生活中，我選擇直接幫孩子處理大部分的事。現在仔細想想，**即使讓孩子自己去做，也沒那麼花時間**，長遠來看，隨著孩子自己會做的事增加，我的工作應該也會減少。而且，更重要的是，那樣才是眞正爲孩子好，而當時的我並未察覺到那樣的道理。

過度保護最大的問題點在於，剝奪了孩子透過失敗學習的機會。在司空見慣的日常生活之中，唯有透過失敗才能記取經驗、藉由自己動手做才能學習到竅門跟要點等。事情明明很多，卻因爲我過度雞婆，奪走了那些兒子寶貴的學習機會。

這一節的問卷調查中，學生提及的便是，**父母的過度保護或干涉會妨礙孩子培養「基本能力」「自主性」與「積極性」**。有句話說得很好，「眞正的愛情伴隨著嚴厲」。

父母用錯誤的方式愛孩子，原本能夠成長的孩子不但無法成長，就連孩子與生俱來的能力幼苗也會遭到扼殺。那樣的後果，就會像是我某個兒子，到現在連打掃、洗衣服等家事都不會做。

7 尊重孩子的個性

——告訴孩子「跟別人不一樣也沒關係」

問卷調查結果

＊不會隨周遭起舞而迷失自我

我的父母總是跟我說，重視自己的感受、自己想做的事。當我跟隨周遭起舞而迷失自我時，經常會被父親責罵。他經常跟我說，要有隨時以自我為中心，**掌控自己周遭事物的氣魄**。每當快要迷失自我時，我都回想父親那段話，重新站回原點整頓自己。

（早稻田大學政治經濟學系K同學）

＊不要模仿他人，思考現在的自己應該要做什麼

我的父親時常要求我，**思考現在的自己應該做什麼**。在我習慣父親的教育方針之前，當我模仿朋友或是未思考太多就行動時，就會被嚴厲斥責。雖然也曾經想要反抗父親，但母親總是從旁協助我。然而，現在我能夠獨立思考，確實地依據自己的想法行動，這都必須感謝我的父親。

（東京大學研究所I同學）

＊不要害怕跟其他人不一樣

父母教導我，**不要拘泥於常識及常規，重視自己思考的結果**。並鼓勵我，不需要害怕跟其他人不一樣。

（東京大學研究所H同學）

「大家」也會有犯錯的時候
——只教導協調性，孩子會變成「消極主義」

在培育孩子的自主性，使其擁有獨立思考與行動的能力上，重要的是不要讓孩子輸給蔓延在社會之中的「同儕壓力」。問卷調查中，很多學生的父母都**教導他們「不要害怕跟他人不一樣」，給了孩子勇氣**。

因爲班上大家都這樣說、因爲老師說、因爲電視上的人這樣講，在沾染上「因爲大家都那樣說，所以我也跟著這樣做」的思考方式之前，要讓孩子知道「大家也很有可能犯錯」。因爲唯有**養成自己決定「自己的想法是什麼」「自己應該要做什麼」**，才是培養孩子自主性的根本。

只重視「協調性」的教育，孩子很有可能會變成「奉承主義」和「消極主義」。我自己是在父母「任何事上都不要搶風頭」的生活方式之下長大，但回顧過去時，我卻察覺到，很多的失敗跟後悔都不是因爲「不搶風頭」，而是因爲「消極主義的生活方式」所造成的，這讓我驚訝萬分。小心翼翼迎合朋友也是，就結果而言，對雙方都不是好事。在建立眞誠的人際關係上，這樣是有負面影響的。

另一方面，自我比較強烈的先生，讓孩子擁有「即便被批評也要說出自己主張」的堅定能力。我先生跟他們一家人，如果無法光明磊落地陳述自己的想法或意見，就會全身不舒服。表現上看起來好像很任性、過度自信，但並非如此。

跟我這種迎合奉承類型的人相比，他們個性正直，總是敞開心胸、真誠地跟人來往。而且，絕對不會被他人耍得團團轉。

我先生也經常跟孩子們說，電視或新聞的報導不一定都是正確的，有時他會挑選一個議題，告訴孩子有媒體這樣報導，但自己持不一樣的意見等。然後，**詢問孩子們「你怎麼想？」讓他們講述自己的意見跟感想**。關於人生的態度也是，總是不厭其煩地對孩子們說：「不要變成沒有遠大夢想跟目標，只是隨波逐流的人。」

多虧有那樣態度強勢的父親，我們家所有的孩子在「不隨周遭起舞」「不害怕被批評，任何時候都可以說出自己的意見」的態度養成上算是有不錯的成果。在「任何事情都不要太出風頭」的教育方針之下長大的我，如果獨自養育這些孩子，應該無法教給他們這些。

雖然與他人和諧相處的協調性教育很重要，但那並非全部。過度重視協調性會有把小孩養育成隨波逐流、沒有自主性的危險性。

謙虛跟協調性當然重要，但隨著弄錯方向的他人起舞，不如掌握情勢讓大家跟著自己走。有的時候，不論其他人怎麼想，都**有辦法相信「大家都搞錯了」**。這種堅毅的態度，也是養成有自主性的人生態度中，重要的要素之一。

8 與其「勿造成別人困擾」，不如「對他人有幫助」

——比起過度謹慎，不如胸懷大志

卷調查結果

★ **「多為別人著想！」會使孩子的個性變消極**

可能跟父親是警察有關吧，他總是教育我「不要造成別人困擾」「多為別人著想」。

在非常強調「不可以造成別人困擾」的教育之下，**養成我總是為他人著想的習慣，卻使得個性變得消極**。

（一橋大學商學系經營學組F同學）

✶領導者的共通點是「對他人有幫助」

我從小就不斷被教導「留意作為人應該要有的樣子」。只教導孩子「不可以造成別人困擾」是不夠的。例如，尼特族主張「他沒有造成別人困擾」，但其實只是沒有繳納稅金造成困擾的問題，沒有浮上檯面而已。

因此，**我很感謝我的父母，比起教育孩子「不要變成造成別人困擾的人」，他們選擇教導我「要以成為對他人有幫助的人為目標」**。就如同金恩牧師、德蕾莎修女、德川家康等「領導者」的共通點是「對他人有幫助」。

（應慶義塾大學醫學系H同學）

總是強調「不要造成別人困擾」，會讓孩子變得畏畏縮縮
——讓孩子「胸懷大志」

來找我諮商的父母中，不少有以下煩惱：因爲過於強調「不可以造成別人困擾」的管教方式，讓孩子變得非常畏畏縮縮。

教導孩子要多留意，不要造成別人困擾當然是很重要的，但如果像是唸經般對著孩子不斷重複強調，連孩子的動力都一同剝奪，就是本末倒置了。**只以「不要造成別人困擾為目標的教育方式，會讓孩子變得過度謹慎，無法培育自主性**。

但人眞的能不造成別人困擾嗎？就連備受大衆尊敬與信賴的名人或諾貝爾獎得主都說，他們能獲得今日的成就，都是因爲背後有很多人的支持與犧牲。然而大多數的「犧牲者」並不覺得自己有任何犧牲，大多跟獲得成就的人一起感受成功的喜悅。

有遠大的志向，支持者也會聚集而來。重要的是，擁有對社會有貢獻的宏願，吸引「不覺得困擾是困擾的人」來幫助你。

胸懷大志的人面臨重要的決斷時，不會因爲害怕造成他人困擾或犧牲而躊躇不前。相反的，越是不想努力的人，越會以小問題當作不採取行動的藉口。

遇到困難時，向他人求助也是一種勇氣，正因爲如此，甚至也有人說那是「成爲獨當一面之人的必備條件」。**比起擔心會造成別人困擾而什麼都不做，不如做好即便造成別人困擾也能有所行動的心理準備**。

人只要活得誠實正直、胸懷大志，很不可思議的，就有不把困擾當作困擾、願意給予協助的人聚集到身邊。在完成宏願的同時，就要回報這些人的恩情。

因此，父母不要只是教導孩子別造成他人困擾，而是要**教孩子謹記胸懷大志，活得誠實正直，培養人脈等概念**，讓「不把困擾當作困擾的人」聚集到身邊。

不要讓過度小心的「不要造成別人困擾」，成爲抹殺孩子「自主性」「強烈動力」的原因。

9 從「小地方」建立孩子的自信

——小小的自信是培養孩子能力的肥沃土壤

問卷調查結果

★小時候的「體驗優異」帶來自信心

小學低年級時，因學業優異讓我有了自信。由於漢字跟九九乘法等斯巴達式的教育，讓我在班上經常名列前茅，而我為了維持名次自動自發地努力學習，產生了正向循環。另外還有一點我覺得很好的是，**幼年時父母讓我體驗鐵人三項，在比賽中拿到好幾次冠軍，這也讓我產生了自信。**

（東京大學經濟學系A同學）

★給予「想擁有一技之長」的刺激

我的母親從小就一直苦練鋼琴，以從音樂大學畢業、成為鋼琴家為目標。受到母親的影響，我也非常崇拜藝術家或運動選手等擁有一技之長的活躍人物。母親個性嚴厲，從小時候就非常嚴格地教育我，但**我很尊敬擁有彈奏鋼琴這項突出能力而閃閃發光的母親。**

我也想要成為擁有一技之長、活躍於某個領域的人物，並認為大學是磨練專業領域的能力的地方，因此在高中選擇未來出路之際，非常認真地選擇了自己未來的志向。

（東京大學工學系研究所T同學）

✶「文武雙全」的教育方針

我父母採取的是「文武雙全」的教育方針。雖然我有去上補習班，但他們從未要求我好好念書，而且一直很支持從小學到高中都熱中棒球的我。**多虧了能夠持續打團體競賽的棒球，培養了我協調性與朝向目標努力的專注力，同時也讓我有自信心。**

（一橋大學N同學）

一技之長帶領孩子走向耀眼的舞台

——該如何改變消極的孩子呢？

什麼領域都好，讓幼年期的孩子擁有自信，可以培養往後長遠人生通用的自主性與積極性。

在問卷調查中有好幾位回答，**幼年時期在學業或運動上獲得的自信，成年之後也持續適用**。有一技之長的人，即便在其他事情上沒有那麼厲害，也能具備相當的自信心，過著令人羨慕的充實生活。

有位我小時候的友人，在學生時代開始學習配合民謠跳舞的舞蹈「仕舞」。因爲是很少見的興趣，讓她覺得很不好意思，一直都沒有跟大家講。她非常努力，結婚後也持續不間斷，最後終於成爲師匠，現在68歲的她擁有很多弟子，非常活躍。

原本國中時，她的存在感薄弱，同學連這個人是否存在於班上都不知道，現在竟成爲生氣蓬勃地談論著工作、比誰都要來得耀眼的人。

在特定領域獲得的自信與教訓，能夠成為往後人生的助力，這樣的例子從我孩子身上也可以看得到。

我家老么有很長的時間，無論是學習或生活習慣都很被動，就連在家裡玩耍時也總是黏著哥哥。

後來，是柔道的黑帶改變了他。他在幼兒時期受到擅長柔道的父親啓蒙，進入國中開始社團活動時，選擇了柔道社。家裡有好幾件配合他身高成長、縫有名字的舊柔道衣，親子之間的柔道似乎已經超越了遊樂的範圍。

應該是他在柔道社時，比其他初次接觸柔道的孩子還要突出，因此產生了動力吧。他自己也說，因爲柔道變得堅強，**「對其他事也變得比較積極，產生了無論做什麼，『只要去做就可以做得到』的自信」**。

在那之後，他一上高中便突然決定要去美國留學。過去就連要玩什麼都按照哥哥決定的孩子，竟突然要離巢獨立，比其他哥哥姊姊都還要早離開家裡，家裡每個人都像是被雷打到般的驚訝。

原本總是消極被動的老公，自己開闢了留學的道路，在美國取得期望的證照，順利就業。

老公自己努力取得柔道黑帶，學習到能夠獨自克服留學時種種困難的能力。

讓孩子在幼年時期親近運動與技藝，會是孩子喜歡上運動，或是活躍於社團活動等的契機，能帶來相當大的效果。熱中於某件事情並持續不間斷，透過精通這項技能而獲得自信與學習協調性，是養成自主性與領導能力的基礎。

第一章的重點

讓孩子自己做決定——「自主性的有無」跟出身哪間大學無關

平時與我關係很好的上市公司前部長經常說：「我做了這麼久的新進員工教育訓練，令人驚訝的是，懂得舉一反三、反應能力佳等社會人應有的常識，跟畢業學校的排名沒關係。」

但他嘆氣說道：「有很多新人雖出身一流大學，但沒有獨立思考能力，沒有指令就不會動作。他們很擅長解決上司給予的課題，就如同準備考試一般，因此能夠進到一流企業工作，但幾乎沒有身為社會人的基本知識，必須從頭教起。」

今後針對培育孩子「自主性」教育的討論，應該會越來越深入吧。

在第一章，討論了孩子的「自主性」是在怎樣的環境下培育出來的。在此讓我們回顧第一章的內容。

✶讓孩子自由地做決定

1. 給孩子自由，探索自我

你是否有給予孩子選擇的自由，讓孩子自主地做決定呢？如果不讓孩子自由地做決定，他們無法了解對自己而言什麼是重要的，找不到自己喜歡的事。結果，會變成沒有他人幫忙，就什麼都無法自己做決定的被動者。

2. 讓孩子自己設定目標

你是否有讓孩子自己設定目標呢？父母強押給孩子目標，是不會讓他們認真努力的。當孩子自己設定目標時，努力起來判若兩人。

3. 尊重孩子對未來出路的想法

你是否有尊重孩子的想法呢？針對孩子的未來出路等重要決定，如果不尊重孩子的想法，會在親子關係之間種下禍根。

✶不過度干涉，從旁協助孩子

4. 尊重孩子的自主性，但也給予充足的意見

你是否有給予孩子充足的意見呢？自主放任跟單純的放牛吃草差很多。

5. **提供各種選項，讓孩子做最後的決定**

你是否有提供適合孩子性格的選項呢？不要強硬地幫孩子做選擇，而是讓孩子最後自己選擇。

6. **不要過度保護孩子**

你是否過度保護孩子呢？長期而言，過度保護很明顯的會妨礙孩子的成長。在協助孩子與過度保護之間取得絕佳的平衡點，也是父母在教育上必須做的重要判斷。

★讓孩子活出自我

7. **尊重孩子的個性**

你是否有尊重孩子的個性呢？不過度要求配合周遭環境，教導孩子「跟別人不一樣也沒關係」，讓孩子學習不隨周遭起舞、擁有獨立思考的能力。

8. **與其「不要造成別人困擾」，不如「對他人有幫助」**

你是否總是對孩子碎唸「不要造成別人的困擾」呢？擁有最低限度的禮貌或禮儀很

重要，但太過強調就無法培育孩子的「高遠志向」。

9. 從「小地方」建立孩子的自信

你是否有培養孩子的自信心呢？如果孩子在某件事上擁有「自己可以做得到」的自信，就可創造出其他領域也可全面適用的自主性與積極性。

第二章

拓展「視野」，引導孩子尋找天職——

增加選項，往擅長領域精進

讓孩子養成拓展視野的習慣，尋找自己的天職

「想要拓展視野，去念MBA是最好的方法喔。」

這是我以前工作過的外資金融機構，第一位上司對我說的一句話。他從史丹佛大學MBA畢業之後，進入私募基金跟投資銀行工作，以累積經歷。在那之後，成為大型跨國企業的日本公司社長，無論是能力或品格都非常優秀。我在20多歲時，這位讓我尊敬的上司對我說的一句話，一直讓我謹記在心，成為我未來留學的動力之一。

回顧我自身的經驗，以到INSEAD（歐洲工商管理學院）留學為契機，到法國、新加坡跟中國的學習經驗，使我的視野跟人脈一口氣拓展到全世界。留學之後，我交到80多國的朋友。從新加坡的軍人、英國的政治家、摩爾多瓦的教育創投經營者、沙烏地阿拉伯的顧問、英國的飯店大王，到肯亞的律師，朋友的類型廣闊，讓我的視野擴展到全世界。人

際關係的延伸，跟視野的拓展有直接關係。

在留學期間，我接觸到來自世界各地同學的多元價值觀跟視野，他們活躍於世界與實現自我的姿態，給了我刺激，使我從廣闊的機會當中尋找天職的念頭更加強烈。

這個**「擴展視野，尋找天職」的教育，是父母能夠給予孩子的最重要的教育之一**。做適合自己的工作，光只是這樣人生就贏了九成。

相反的，如果做了不適合自己的工作，即使很努力，也有很高的機率會變得不幸。

在年輕時拓展視野，**理解自己的喜好、強弱與價值觀的人，在未來選擇職業時可以尋找到接近天職的工作**。相較之下，只會準備考試的菁英視野狹窄，對自己的認識也淺，無視自己的適性，投身不適合自己的領域，很容易迷失自我。

在幼年時期累積經驗、拓展視野，也是尋找想做一輩子的天職之重要前提條件。

本書的問卷調查中，有非常多的建議都提到了「拓展視野的重要性」，重點列舉如下：

拓展視野

1. 拓展視野，刺激求知欲
2. 透過閱讀增廣見聞，養成孩子主動學習的習慣
3. 藉由孩子「喜歡的書」養成閱讀習慣
4. 將視野拓展到世界

開拓通往天職的道路

5. 支持孩子「有興趣的事物」
6. 尋找孩子才能的種子，研磨「原礦」

談到拓展視野，我想特別強調「體驗求知欲的滿足感」的重要性。為什麼呢？回顧我自身的經驗，受到大學時代讓我尊敬恩師的啓發，我**第一次知道什麼是「知識的成就感」與「求知欲的滿足感」，察覺到拓展視野、深入思考的樂趣，最終學會了自主學習。**

另外，在拓展視野上，閱讀習慣的重要性值得一再強調。我看過各國的菁英階層，一

流的領袖毫無例外的都是超級書癡。

跟我同世代的友人，從東大法律系畢業之後，在哈佛大學取得ＭＢＡ學位，年紀輕輕就被世界級大型投資公司提拔爲分公司社長，可說是飛黃騰達中的飛黃騰達。

詢問他年幼時期的家庭教育特徵爲何，他回答：「**父母都是愛書人，總是一起到二手書店買書，家裡堆滿了書，只要一有時間就會閱讀。**」

不僅止於這個例子，有非常多的一流商業領袖都回答道，他們受到父母閱讀習慣的影響而喜歡上閱讀，這閱讀習慣成了拓展視野、學習習慣，甚至是往後活躍職場的基礎。

小時候的海外體驗，對於將視野拓展到世界有非常大的影響。有一位我很尊敬的前輩，在哈佛商業學院以優秀的成績畢業，成爲活躍於創投業界的領袖。他回顧自身會將眼光放遠到世界的契機是，幼年時期在歐洲的生活經驗拓展了視野，**能夠從不同的角度審視自己或自己的國家，這點影響非常大**。不只是這位前輩，許多有海外經驗的領袖也都這麼說。

而且，能夠透過拓展視野，尋找將來天職的啓示，並不是部分富裕家庭的特權。例如，創立知名的電子商務平台阿里巴巴的會長馬雲，他透過提供免費的導覽服務，讓來到中國鄉下的觀光客，學習語言，讓視野拓展到世界。

另外，不是只有出國才能拓展視野，國內也有很多機會。一位我所尊敬的友人，他是日本知名汽車製造公司的研究員，職場生活充實。他之所以進入東京工業大學就讀，畢業之後進入汽車公司擔任技術研發一職，**其原始體驗源自於他小學時，被父親帶去參觀萬國博覽會，因此引發了對各種機械的興趣，成為往後努力的契機**。拓展視野的方法很多，而且誰都可以做得到。

本章的後半段會討論到，在拓展視野之後，給予方向、引導孩子尋找天職的重要性。讓孩子盡情發展興趣，協助孩子盡可能往適合自己的天職走，是父母最偉大的工作之一。

在此，關鍵不在於爲了拓展視野，每件事情都讓孩子挑戰，會養育出經常半途而廢的孩子；**讓孩子察覺到，自己喜歡什麼，自己有什麼才能，在哪個領域能夠勝出，然後協助孩子往那個道路前進，才是重要的。**

我向知名投資基金的共同經營者印度友人詢問他對女兒的教育方針時，他回答：「小的時候我讓她挑戰任何她有興趣的事物，但是，爲避免變成樣樣略懂卻樣樣不通的人，有適時地引導她走向自己擅長的領域。」

如上所述，不論哪個國家或業界，很多世界上偉大的父母都不只是拓展孩子的視野，同時也依據孩子的適性，引導孩子找到自己的天職。

以下，就跟著南瓜夫人一起來了解，世界一流的父母到底如是何教導孩子拓展視野，找出天職的方向。

1 拓展視野，刺激求知欲

——孩子難以自行拓展視野

問卷調查結果

★透過各種刺激，在懂事之前培養好奇心

父母在我懂事之前就開始培養我的好奇心，才會有現在的我。具體而言，**從幼兒時期開始學珠算、書法、私塾、公文書寫、棒球等，讓我從各種管道獲得刺激。**這樣的教育方針可能會被冠上虎爸虎媽的惡名，但對於出生成長於埼玉縣鄉下城鎮的我而言，那維持了我最低限度的求知欲，也是提供了必要元素，以形成現在的我。

（早稻田大學會計學研究所A同學）

★希望有「海外」的選項可以選擇

我希望父母當時能夠**提供我更寬廣的世界觀**。我出生於鄉下，以為進入鄉下的高中考大學是理所當然的事。但進入大學之後，我才知道可以自行到海外的高中或大學受教育。

高中時期的我連海外這個選項都沒有想到，如果父母當時可以給予我那樣的觀點該有多好。當我成為父親時，一定會讓孩子看看各種不同的世界。

（慶應義塾大學商學系S同學）

✶滿足求知欲的教育相當重要

自年幼時期開始，我的父母因應我的年齡，用我聽得懂的語言跟我解釋生物、化學、歷史、文學等各種不同領域的東西。然後，**在那之中針對我特別有興趣的領域，推薦我閱讀書目、跟我談論那個領域的事，讓我時常保持求知的好奇心**。

多虧了我的父母，我在滿足求知欲、獲得知識的喜悅與成就感中度過了我的童年。

我為了滿足求知欲，即便遇到困難也不會輕易放棄，不斷深入追究，因而學習到跨越困難之後的成就感是值得去努力的。

（東京大學醫學系研究所S同學）

養成自主學習的關鍵，就在於滿足求知欲

——從小就養成孩子積極的態度

拓展孩子的視野與爲孩子帶來求知欲的滿足感，是父母能夠做到的最棒的教育之一。從寬廣的視野來看世界，才能知道自己想要做什麼、應該要往哪個方向走。

孩子如果學會自己學習的喜悅、滿足求知欲，父母就算在那之後放任不管，孩子也會自動自發地學習，自主地成長。

在本次的問卷調查當中，我們可以看到，在高中或大學遇到的同學曾體驗過自己的未知世界，有人反應：「**我也想要了解那樣的世界。**」

例如，「即便很勉強，我也想要學小提琴」「希望爸媽帶我去海外旅遊」「希望父母讓我出國留學」「想要知道世界上還有很多職業」等各種意見。

雖然我很想說父母並非全能，但反過來想，可以看得出來孩子對父母有很大的期待。

關於「拓展視野」，在問卷調查中回答最多的是，「父母買了很多理科或社會科的圖

鑑、雜誌給我」「雖然爸媽沒有給我零用錢，但書則是想買多少都可以」「父母提供了我很多體驗的機會，例如露營或旅行等」。**這樣的經驗會刺激求知欲，幫助孩子自動自發學習**。

另外，在問卷調查當中，學生透過體驗求知的滿足感、喜悅與達成感來感謝養育自己的雙親。

我們家的長子在大學時代接觸到廣泛的知識、開拓了視野，從那個時候開始對經濟與金融產生興趣。長子說他在那個領域的知名教授門下學習，第一次嘗到學習的樂趣，變得能夠自動自發地學習。

的確，長子在遇到那位教授後，原本如此討厭學習的他，也一頭栽進學習的世界。

我自己也認爲，**滿足求知欲的體驗，會成為持續學習的動力來源**。更不用說，在孩子還小時盡早讓他體驗求知欲的滿足感，絕對有助於獲得一輩子受用的學習動力。

孩子年紀尚小的時候，難以自己拓展視野，因此**父母的努力可以說決定了孩子視野的寬廣度**。

在後面會詳細說明，「養成良好的閱讀習慣」「與能夠給予知識上刺激的朋友或恩師相遇」，對拓展視野是必要的。

另外，父母自己本身能夠尊重多元的觀點與價值觀，以「自己是無知且視野狹小的」謙虛態度認識現狀，是很重要的。因爲知道自己的不足，是拓展視野、了解自我的第一步。

2 透過閱讀增廣見聞，養成孩子主動學習的習慣

——閱讀是所有學力的基礎

問卷調查結果

✶感謝鼓勵我閱讀的父母

非常感謝我父母自幼年時期就非常積極地鼓勵我閱讀，**小學時父母幾乎每天都到圖書館借閱書籍推薦給我**，日常生活中給予了我增廣見聞的機會。

（東京大學法學系K同學）

★唯有書不會吝嗇買

我認為，透過閱讀建構出保持好奇心的環境造就了現在的我。**只要是我有興趣的，無論是百科全書，還是大人看的鐵道雜誌或歷史雜誌等，父母都不吝嗇地買給我。**應該是閱讀習慣養育出我好奇心旺盛的性格。

（一橋大學商學研究所S同學）

★唸書給孩子聽，成為文章讀解能力的基礎

雙親的教育方針之中，對我影響最大的應該是，在我幼年時期父母唸了非常多的書給我聽，**形塑了我文章讀解能力的基礎，視野也變得廣闊，能夠獨立自主思考。**

（東京外國語大學外文系F同學）

書本提供跟不同世界接觸的機會

——「接觸多少文字」左右了孩子的人生

從以上介紹的問卷調查當中，學生們之間最大的共通點就是，父母在幼年時期都唸書給孩子聽，並提供很多書籍給孩子，讓他們養成了閱讀習慣。許多學生**藉由閱讀拓展視野，強化好奇心。就算父母不要求，他們也會理所當然地念書。**

問卷調查裡有許多學生回答家庭教育方針是「自由放任」。孩子覺得很自由，但能夠讓孩子這樣想的父母，一定也是費盡心思地引導孩子。**以身為教，讓孩子看到父母認真閱讀學習的樣子等**。方法很多，而最常見的應該就是「閱讀習慣」的養成吧。

即便是考上頂尖大學，幾乎都不曾被父母要求好好念書的學生，很多都回答「父母在幼兒時期唸繪本給我聽，讓我喜歡上閱讀」「毫不吝嗇地買書給我」「父母不斷從圖書館借書給我看」「家裡總是有很多書，是極佳的閱讀環境」等。

由上述可觀察出**從閱讀培養好奇心、閱讀能力跟專注力，自然而然養成主動念書習慣**

的流程。

大家應該都知道閱讀的好處，我有位愛書的朋友說，閱讀讓他「遇見很多有魅力的人物」，我衷心地覺得這個感想非常棒。

朋友說道：「在實際生活中難以碰到的優秀人們，能夠在家裡透過書本，跨越時間與空間跟他們相會。」我這位友人是個超級書癡。自幼年時期就在被兄長書櫃圍繞的環境下長大，書櫃每個角落的書統統都念過。「文字不會使人痛苦」的口頭禪，讓他在高中時代一邊寫小說，一邊考上了志願裡最難進入的大學。

雖然現在講這些已經來不及了，但從本次的問卷與訪談調查，最讓身爲育兒反面教材的我覺得後悔的是，應該要多增加一點親子共讀時間。我當時花太多時間在家事上，**每天應該至少要擠出一個小時一起親子共讀**才是。

我過去都以「你應該要那樣，你不可以這樣」的語氣命令孩子。而我現在感到非常後悔，如果當時我依據孩子的年齡跟關心的事物選擇適合的書籍，透過閱讀共度感動的時間，對孩子應該會有很好的影響吧。

「給予許多擴展見聞、強化教養的機會」「從各種不同情況來看什麼是正義與邪惡」「超越時空的限制，遇見人生導師與標竿人物」「獲得能夠獨立自主的契機」等，在培養孩子的想像力、拓展視野上，沒有什麼比閱讀更可以稱得上是「最好的朋友」。

3 藉由孩子「喜歡的書」養成閱讀習慣
——被強迫的事情不會持久

問卷調查結果

★多虧了父母自幼年時期唸書給我聽，讓我喜歡上閱讀

我很感謝我母親在我幼年時唸書給我聽，所以才有現在喜歡閱讀的我。妹妹也因為母親**唸了《哈利波特》給她聽之後喜歡上閱讀**。我認為，唸書給孩子聽，對孩子往後的閱讀量會有很大的影響。

（早稻田大學社會科學系K同學）

✶先從孩子有興趣的地方養成讀書習慣

我們家是相當重視閱讀的家庭。因為父親在出版社工作的關係，我**從小就在親近閱讀的環境下長大**。因為如此，閱讀成為我吸收知識的主要工具，使我能夠從小就積極地吸收各種知識，成為我長大之後的思考基本能力。

是否從小就習慣文字，是否習慣吸收知識，**對孩子長大之後的學習能力有決定性的影響**。因此，小的時候唸繪本給孩子聽、買學習漫畫給孩子等，讓孩子在有興趣的地方養成閱讀習慣是很重要的。

（早稻田大學政治經濟學系S同學）

✶只要是孩子想看，即便爸媽覺得是「無聊的書」也應該讓孩子閱讀

我很感謝我父母願意買任何我想要的書給我。即便是就我當時的年紀很明顯絕對讀不懂的書，或者是相反的，無聊且幼稚的書，父母都會買給我，一點也不在乎價格。現在回想起來，我的父母應該是不想扼殺我的好奇心吧。多虧如此，現在的我不但**對閱讀一點抵抗感都沒有**，如果太久沒念書，還會覺得渾身不對勁。閱讀對於了解社會非常有幫助。

（東京大學法律系T同學）

讓孩子念「自己想看的書」，而非「父母想讓孩子看的書」

——若非「發自內心」，孩子是絕對不會讀書的

想讓孩子養成閱讀習慣，最有效的方法是讓孩子接觸他有興趣的書。例如，孩子表現出有興趣的東西，車子的玩具、動漫人物設定集，或世界昆蟲大百科都好。總之從孩子有興趣的事物延伸出去，讓他自然而然對文字產生親近感，對學習習慣會有決定性的影響，同時也是自我反省。再怎樣也**不可以強押孩子去讀父母覺得應該要念的書，或者是剛好手邊有的書**。

我們家的長女一歲多時喜歡上《小熊維尼》系列的繪本。剛好繪本的大小比普通的書還要小，她無論走到哪裡都很珍惜地帶在身上，毫不厭煩地反覆閱讀。其中長女最喜歡的是第一本（題外話，女兒有天不小心把書掉落到新幹線的軌道上，雖然買了一本新的給她，但她對新書的喜愛程度似乎不如舊書）。

在那之後，配合著長女的成長跟興趣，購買世界文學全集等給她，而長女也無視我的

荷包是鼓是扁，以飛快的速度一本接著一本閱讀。多虧如此，家裡書的庫存十分充足，第二個孩子出生之後也無須購買新書。然而，這同時也是個陷阱。

爸媽配合自己的興趣購買書給孩子，跟因爲家裡的書架有很多書，爸媽一副你隨便選一本來唸啊的態度而被晾在一旁的孩子，兩者喜愛閱讀的程度應該會差很多，**閱讀量更應該天差地遠**。

我自己過去也是，跟著潮流閱讀了大家說的年輕人「必讀書」，如杜斯妥也夫斯基、夏目漱石等。我的確「讀了」，但完全沒有更深入的理解或感動。

然而，跟現在比起來閱讀環境沒那麼好的小學時代，我依據自己的喜好，閱讀了《林肯》《海倫凱勒》《南丁格爾》跟《居禮夫人》等傳記，總是讓我非常感動。我到現在就連書的內容，或是書中談論到的正義感與可說是賭上性命的努力、他們的豐功偉業等也還是記得很清楚。

從這樣的體驗可以得知，不要跟從流行讓孩子念現在流行的書，或是家裡原本就有的書，而是**配合孩子的興趣，讓他自己選擇想閱讀的書，才是讓孩子喜歡上閱讀的第一步**。

在擁有純潔心靈的時期，親近自己有興趣的名著或偉人傳記，可說是遇見了人生的良師益友。

多虧了小時候的閱讀經驗，我在長大成人之後養成了習慣，越是在精神壓力大的時候，越是犧牲睡眠時間，沉迷在閱讀最愛的歷史小說。

只要閱讀小說，原本感覺自己很不幸的事也會變得微不足道。如果沒有從書中得到的感動與教訓，我的人生會變得多麼無趣呀。

即將養育孩子的父母，請務必因應孩子的成長階段，以他有興趣的領域為中心，提供親近閱讀的時間。

問卷調查結果

✶帶孩子去各個地方

我母親的教育方針應該是「帶孩子去很多地方」，那消除了我對不熟悉地方的不安。

我記得最清楚的是，**小學時母親帶我去洛杉磯**的事情。在洛杉磯時，母親想從ATM領錢出來，正努力奮鬥時，有位年輕的美國女性教母親如何操作。在輸入卡片密碼時，那位女性為避免看到密碼，刻意轉身背對母親，她的身影讓我印象深刻。讓我覺得日本以外的人也是好人耶，就算是外國人也沒什麼好害怕的。

（名古屋大學理學系K同學）

✶學習多元性的教育方針

在幼年時期，有很多機會讓我理解了什麼是多元性。

因為**家裡開公司，來往的對象都是大人**。在大人環繞的環境下長大，讓我比一般的孩子都還要早以大人的角度來思考各種事物。

另外，因為我時常跟著父親一起去中國出差，文化衝擊如家常便飯。從那樣的經驗當中認識到人的多元性，也養成了我良好的適應能力。

（慶應義塾大學H同學）

廣闊的世界觀是孩子豐富的財產

——不要把孩子綁在身邊

我們家四個小孩從家裡獨立之後，由於留學或就業，一個個移居至海外。兒子們像是候鳥般在好幾個國家與地區居住。

多虧如此，我能以孩子的居住地爲據點到許多國家與地區旅行。從長女決定長期居留的溫哥華，到香港、巴黎、法國楓丹白露、洛杉磯、波士頓、紐約與倫敦，我在每個地方都待上好幾個月。

跟許多國家的人們接觸，我實際感受到，無論哪個國家的人都親切溫柔、充滿幽默感，並且擁有同樣的喜怒哀樂。

每個國家到處都有數千年的歷史建築物或文化遺產，非常謹愼地保存並開放參觀。各地特有的傳統與風俗皆不同，用同一個標準去評斷哪個民族是優是劣，簡直荒謬到家。

我在法國時，邀請兒子的友人舉辦了十次左右的派對，跟總計八十多個國家、一百二十人左右暢談。雖然很多人是第一次吃到我做的日本菜跟韓國菜，但他們對這新鮮的味道並無抗拒，這讓我了解到，好吃的東西對每個國家的人而言都是好吃。

身邊充滿美食、愉快談天，每個人都很開心的參加派對，讓這裡沒有國界。這個經驗使我學習到跨越國界、熟悉彼此最快的方法。

寫了這麼多自鳴得意的事，是有理由的。旅遊或親近外國人，都是在體驗那個國家的文化與風俗習慣。就如我兒子前面所說的一樣，廣闊的人際關係跟視野的寬廣是有直接相關性的。如果我在年輕時有類似這樣的經驗，應該能夠以更寬廣的視野養育孩子吧。

我有些朋友**為了拓展孩子的視野，經常把世界各地的旅遊導覽手冊放在客廳**。他們希望孩子們能自然而然地親近外國文化，熟悉世界與日本的歷史，喜歡閱讀。相較之下，我只在客廳擺了顆地球儀。

如果我有機會再次教養小孩，我不會再強迫孩子學才藝。因爲我完全找不到爲何要強迫孩子去上鋼琴、書法或繪畫教室的理由。

將家庭教育的重點放在，**透過遊戲或旅行累積多元的經驗，培養出沒有大頭症、腳踏**

實地的思考方式與寬廣的視野。不要把孩子綁在身邊，要培育孩子寬廣的世界觀。不管對方是哪個國家的人，豐富的世界觀應是建立人際關係時不可或缺的財產。

5 支持孩子做「有興趣的事物」

——喜歡的心情能夠帶來動力

問卷調查結果

★讓孩子體驗感興趣的事物

從小的時候，**任何我感興趣的才藝，我父母都讓我去學**，例如鋼琴、游泳、珠算、書法等。

父母在高中時期準備大學入學考試時，端茶跟點心到我房間讓我喘口氣等，作為我精神層面上的後盾，讓我深深感受到父母對我的愛。我認為讓孩子體驗有興趣或好奇的事物，是父母重要的工作。

（東京大學工學系研究所I同學）

✶「體驗主義」的教育方針非常好

儘可能讓孩子體驗自己有興趣的事物，這樣「體驗主義」的教育方針對我的人格形塑有重大影響。父母不會強制我學習才藝，但另一方面，**無論是運動、音樂或藝術等，只要我有興趣的事物，都會讓我體驗**。

（東京大學工學系研究所H同學）

✶不會逼我念書，讓孩子往有興趣的事物發展

只要是我感興趣的事物，我的父母都不會吝嗇投資。例如，我小學時對身邊周遭的自然現象感到好奇，我的父母就買了好幾本關於那個現象的簡單易懂書籍給我。另外，我的父母完全不會逼我念書，或是要求我加入某個社團，**讓我盡情地做自己想做的事**。

（慶應義塾大學理工科研究所K同學）

熱中自己喜歡事物的過程，能孕育「積極性」

——強者知道自己「喜歡什麼」

孩子在探究自己感興趣領域的過程當中，能夠超越那個範圍學習到更多。在本次的問卷調查可以看得出來，大多數的學生在年幼時，他們的父母都**毫不吝嗇地全力支持孩子感興趣的事物**。而這是我並沒有做到的，讓我深深地反省了一番。

長子武貴在幼兒時期對生物的好奇心比其他孩子都要強烈，這熱情成為各種成長的原動力。

從還不會走路的1歲開始，他乘坐學步車時就會不時地伸長脖子，盯著祖母飼養在魚缸中的孔雀魚。

他雖然完全不看繪本等的書，但在還不識字的時期，就可以把厚重圖鑑中的怪獸或熱帶魚名字倒背如流。我們家宛如有神童誕生，家人都很開心。

他在離家上大學之前，從美洲鬣蜥到我記不得的稀有烏龜，飼養了十幾個種類的小動物。他總是瞞著我偷偷帶回家，等到我發現時，牠們已經成爲我們家庭的一員了。

我雖然經常大聲斥責他：「自己都顧不好了，還想養什麼寵物？」但兒子有稍微顧慮我，盡可能避免被我罵，熱心地照顧寵物們。

我後來察覺到，**即便孩子感興趣的事物跟學校的學習科目或才藝沒有直接關係，父母也應該要大大歡迎才對**。

兒子透過照顧小動物，體認到生命的有限性。我也因爲孩子瞞著父母偷帶回來的狗，消解了我一直以來都害怕動物的心理，甚至萌生了憐愛之情；而長子也**在飼養寵物的過程中逐漸培養了關懷生物的心**。

另外，長子**在那過程中還學習了許多，例如自主性與責任感等**。因爲我的過度保護，說他在日常生活當中除了筷子以外沒有自己拿過東西，一點也不爲過。

然而，長子在照顧最喜歡的寵物時，即便弄得一塌糊塗也不會請我幫忙（因爲我非常不擅長跟寵物相處）。從購買飼料到打掃寵物的房子，如果不負責任好好照顧，寵物是活不下去的。

如果他不念書，只顧著跟寵物玩，我就會懲罰他。因此，他為了在我的面前可以理所當然地照顧寵物，在跟寵物玩之前會先把書念完，對念書學習也變得比較積極。寵物都有生命走到盡頭的時候，因此他都相當有責任感地照顧寵物。

到現在也是，他即便沒有時間整理房間，也會幫觀賞植物澆水或移置日照好的地方等，絕對不會怠慢。他說自己對待「有生命的東西」總是特別小心謹慎。

在重要的考試之前，兒子也花上大半天在清理熱帶魚的魚缸，當時我覺得那樣的身影讓人煩躁，但也許那為他帶來快樂，他才能度過準備考試的乏味時光吧。

雖然對他而言，飼養寵物對他長大成人之後的天職並沒有關係，但那成為他一輩子的興趣。

人生有很多即使討厭也不得不去做的事，因此孩子感興趣的事物、**想要嘗試的事情，就讓孩子盡情地體驗吧**。

熱中於喜歡事物，在那個過程當中除了養成積極性、自主性與責任感，還可擴大交友圈等，產生各種意料之外的功效。

然後最重要的是，沉浸於喜歡的事情，在那個領域比誰都要來得活躍，自然能孕育出自信，會成爲未來走向天職的靈感。

6 尋找孩子才能的種子，研磨「原礦」

——寶石不研磨也只是顆普通的石頭

問卷調查結果

★多虧了父母，讓我得以在擅長的領域盡情發揮

雖然父母完全不干涉我的學業，但**他們似乎知道我對理科有興趣，只要有跟理科相關的活動，都毫無遺漏地介紹給我**。透過支持我感興趣的事，不但加深親子之間的羈絆，也讓我在擅長的領域盡情發揮，建立我莫大的自信心，使我在其他領域也能夠獨立自主地行動。

（東京工業大學工學系工學營運系統組F同學）

★希望父母「支持」孩子有興趣的事物

很希望當時我父母在我努力於感興趣的事物時，能提供一些相關的資訊給我。我從小就對科學有興趣，一直希望能做跟科學有關係的職業。但我完全不知道有強化孩子科學知識的講座或學校，在大學接觸到頂尖科學時，我第一次知道竟然有那樣的科技存在。如果父母能夠在更早之前提供資訊給我，我現在應該會擁有更多的知識與經驗吧。

雖然我們家的教育方針基本上是尊重孩子的自由，但**即使有點強硬也無妨，針對孩子感興趣的事物，父母應該要讓孩子更加深入學習**。透過各種體驗找到適合孩子的領域，有助於發揮孩子的特長。

（東京醫科齒科大學生命資訊科教育學研究所S同學）

從孩子的「追求興趣」連結到未來的天職

——讓孩子在擅長的領域盡情發揮

在研磨孩子這顆原礦時最重要的是，孩子如果針對某個領域顯示出強烈興趣，就徹底地支持孩子在那個領域發展。在第三章「堅毅」的主題中，將詳細討論父母在背後支持孩子的重要性，簡單來說，**父母的支持會是孩子強烈的動力來源，也有助於培育持續努力的精神力量**。

接續上一節內容，我當時並未好好運用孩子的好奇心。當長子隨身攜帶厚重的動物圖鑑，書翻到都快掉頁分解的那個時期，我應該要打鐵趁熱地支持他。我非常後悔，**如果那時我不斷提供各種生物圖鑑或生物相關書籍給長子，他說不定會變成相當喜愛讀書，或是成為出色的生物學博士**。

在那之後，他在家裡能看的書，只有他沒興趣的、姊姊們用過的童話故事書，而他的神童傳說也就此結束。

我真誠地接受**「即使有點強硬也無妨，針對孩子感興趣的事物，父母應該要讓孩子更加深入學習」**的意見。許多實力派的名人，**其才能得以開花結果，大都是多虧了父母在背後支持**。

小提琴家五嶋綠的母親，不顧周遭的反對把女兒帶去美國接受菁英教育，成功地將女兒栽培成小提琴家。

鄭京和的姊姊是大提琴家，弟弟是活躍於國際舞台的指揮家，這全靠母親一邊經營食堂，一邊栽培孩子，讓他們出國留學，才使他們得以發揮長才。失明的辻井伸行，他母親雖然不懂音樂，但她在兒子敲打玩具鋼琴時，發現了孩子絕佳音感的才能，從電話簿中幫孩子尋找了鋼琴老師，才有現在的他。大江健三郎也是發現了智能障礙的兒子有分辨鳥叫聲的天分與對古典音樂的興趣，進而引導他成為作曲家。

每位父母都在非自己專門領域發現了孩子的才華，在背後支持、成就孩子。**如果沒有父母近乎執著地熱心引導，孩子的才華有可能會像鑽石原礦般永久沉睡。**

另外，問卷調查中也有學生回答，沒有什麼比父母支持孩子發揮興趣更能夠加深親子之間的羈絆。

父母不知不覺之間會想要把自己未能完成的夢想託付給孩子，希望孩子能繼承自己的專門領域。但是，父母首先應該要做的是敏感地察覺孩子感興趣的事物，並以跟孩子兩人三腳的態度支持他們。

沒有什麼能比持續追求喜歡的事物還要幸福的。持續一輩子，不斷追求自己的興趣，也往往是通往天職的道路。向培育孩子頂尖才能的父母學習，讓自己成爲支持孩子鑽研興趣、發揮所長的父母。

第二章的重點

拓展孩子的視野跟選項，在孩子擅長的領域發揮才能

在第二章我們從刺激孩子的好奇心、讓孩子體驗求知欲的滿足感、拓展視野，然後論及引導孩子找到自己的天職，從旁協助孩子的重要性。

想做自己喜歡的事情過日子，要在還年輕時接觸大量的資訊，從那之中了解自己喜歡什麼、強項與弱項為何，追根究柢也就是「了解自己」是很重要的。

立基於體驗，深入了解自我，即便不是最好的選擇，但從眾多的選項當中選擇自己感興趣並擅長的工作，也是尋找自己的天職。

幸福人生最重要的並不是去做人人都羨慕的工作。而是拓展視野，理解自己與世界，去做自己喜歡的，並且能夠讓周遭人們開心的工作。

在本章節，討論了父母為了讓孩子尋找到自己的天職，在幼年時期應該為孩子做什麼事情。在此讓我們回顧一下本章重點。

✶ 拓展視野

1. 拓展視野，刺激求知欲

你是否有拓展孩子的視野呢？刺激孩子的求知欲跟好奇心，讓孩子體驗求知欲的滿足感。單只提供孩子自由，反而會讓他們陷入視野狹窄的危險當中。

2. 透過閱讀增廣見聞，養成孩子主動學習的習慣

你是否有讓孩子養成閱讀的習慣呢？只要養成閱讀的習慣，孩子便會主動地拓展視野，養成學習習慣。

3. 藉由孩子「喜歡的書」養成閱讀習慣

你是否讓孩子自由地閱讀有興趣的書呢？從大人的角度來看，再怎樣無聊的書也無妨，讓孩子樂在閱讀，親近文字的原始體驗這件事情本身很重要。

4. 將視野拓展到世界

你是否有讓孩子的視野拓展到世界呢？接觸多元的觀點與價值觀，孩子的活動範圍自然地會拓展到全世界。

＊開拓通往天職的道路

5. 支持孩子「有興趣的事物」

你是否有支持孩子對感興趣的事物發揮專長呢？在追求自己感興趣事物的過程當中，能夠學習到責任感、自主性等種種能力。

6. 尋找孩子才能的種子，研磨「原礦」

你是否有找出孩子才能的種子，並好好磨練它呢？知名藝術家或運動員的背後都有著父母的支持，親子以兩人三腳的步伐往前進，往往能夠找到孩子的天職。

第三章

培育堅持不懈的「堅毅」品格——

讓孩子認真挑戰，不輕易放棄

比起「聰明」，「動力與毅力」更爲重要

賓州大學的安潔拉．李．達沃斯是現今心理學界最受矚目的教授之一，使她一躍成名的是她所提出的論述：「成功人生的必要能力是非智力測驗可以測量的『堅毅』（grit：有很強的動力，朝著長期目標努力不懈，堅持到底的能力）。」諸多研究顯示，**比起學力或IQ，朝著長期目標努力不懈的能力，才是左右人生成功與否的關鍵。**

環視周遭成功的人，他們在決定自己想做的事後，在達成目標之前絕對不會放棄。

這個**「堅持到最後，永不放棄」的精神，可以說是區分一流與二流工作能力的分水嶺。**

我過去曾經待過的香港與新加坡的金融世界也是如此，當公司即將倒閉時，有人馬上就舉白旗放棄、轉向戰敗善後模式；也有心靈素質堅強的人覺得「這是顯露眞本事的機會」，並捲起袖子，做好心理準備迎戰。

一流的領袖對於周遭的變動絲毫不爲所動，因爲他們知道「這種程度的困境是意料之內的」，對任何事情都能冷靜以對。

絕對不是說即使敗戰也要戰到最後一刻，當情況不對勁時，當然也可能要決定撤退。但是，當周遭變得悲觀、內心挫敗，覺得「已經不行了」的時候，也能提高士氣，鼓舞大家積極向前，精神上毫無任何動搖。**也就是說「這個人努力不懈，不放棄地拚命到最後一刻」，因此「達成目標能力」的可信賴度很高**。

然而，精神層面脆弱、只會死讀書的菁英無法辦到。我過去在新加坡工作期間，曾經跟亞洲某國所謂最高學府第一名畢業、GMAT八百分，並且是前MBB（麥肯錫波士頓顧問集團的貝恩策略顧問公司）首席顧問的同事一起工作，不知道是不是因爲他人生太過一帆風順，使他有點缺乏膽識，當情勢有所變動時，氣勢就會變弱，猶疑不定，幾乎無交涉能力可言，實在讓我吃驚。

那麼，想要培養堅毅品格，從幼年時期的家庭教育該怎麼做呢？在本次的問卷調查當中，提及最多的項目如下：

提高孩子的動力

1. 提高孩子動力的秘訣就在於「讓孩子挑戰」
2. 成爲孩子的啦啦隊
3. 向孩子表達對他的期待

讓孩子認真地堅持到最後

4. 確定孩子「認眞」的程度再投資
5. 孩子若不認眞就斥責
6. 不要讓孩子輕易地中途放棄
7. 讓孩子學習「克服失敗的堅強」

首先，第一點「讓孩子自己挑戰」，跟第一章的「自主性」有關，可說是刺激動力時最不可或缺的要點。成功的偉大領袖是怎麼開始他們的事業呢？針對這樣的問題，比起因爲是受到誰的邀請而開始，**自己經常是行動的起始點，自主行動的人壓倒性地多**。

史提夫・賈伯斯、馬克・祖克伯與孫正義等人不會說：「我其實是受到高中朋友的邀請而開始的……」他們不會因爲這種被動的動機而創業。大部分成功者的共同之處在於，以內心湧現的熱情爲基礎主動挑戰，才足以堅強到「不管遇到什麼困難都能克服」。

另外，要求孩子對於自己主動而開始的事認眞努力，是極爲重要的。孩子自己決定開始的事情，在達成目標之前不能讓他輕易放棄。**在本章節列舉了非常多讓孩子貫徹始終學習永不放棄、堅持到最後的家庭教育實例**。

本章最後想強調，在談論「堅毅」時，最重要的是「即使失敗也不放棄，重新站起來的能力」。失敗乃是挑戰的常事。而畏懼失敗的人，會連挑戰都放棄，最後停止成長。

相對於此，即使失敗也不挫折，思考爲何失敗，從中學習的人，會將失敗當成養分，不斷成長。

這些「堅持到最後不放棄的能力」，由堅毅畫分出來的差距，會比ＩＱ分數或學歷要來得大很多。

那麼，我們就跟著南瓜夫人，一同藉由豐富的實例來學習跟「成功人生」最有直接關係的「堅毅」品格養成法。

1 提高孩子動力的秘訣就在於「讓孩子挑戰」

——挑戰讓孩子大幅成長

問卷調查結果

★製造讓孩子自己挑戰的機會

父母基本上是放任主義，從來沒對我說過要好好念書，總是鼓勵我去挑戰任何我喜歡或感興趣的事。因為這樣的教育方針，讓我能夠主動地抱持著目的，持續挑戰任何事情。

因為是自己主動挑戰，更有動力。不是因為別人，而是自己不服輸的個性，讓我能夠抱有**「絕對不想放棄」「想要達成目標」的強烈想法**。即使失敗了，也不會怪罪他人，而是自我反省，將失敗的經驗活用於下一次的挑戰，成為堅強的人。

（東京大學工學系研究所Y同學）

★**因為是自己做的決定，才可以持續長久**

我們家採取的是「任何事都讓孩子挑戰」的教育方針。具體來說，芭蕾、鋼琴、書法、聲樂、日本舞蹈、爵士樂等才藝，只要我喜歡都讓我去學，**因為是自己有興趣而開始學的東西，每一項都持續很久。**

（慶應義塾大學環境資訊學系K同學）

正因為「自己是起點」所以能夠努力

——亂槍打鳥，即使打再多發也打不中

提高動力最有效的方法是，讓孩子自己決定想要挑戰的事，然後**讓他「說到做到」**。這個跟第一章談及的「爲了培育自主性，要讓孩子自己設定目標」的概念相通，但這個主動的設定目標不只跟自主性有關，也會大大地影響「堅持到最後」的能力。

父母要求孩子去學的才藝，因人而異。有的孩子無法集中注意力，也無法持續長久。

如前所述，我們家完全不理會孩子本人的興趣或期望，都是我單方面的強迫孩子接受我的安排，每週上四、五種才藝課，五花八門的，一點忠誠度都沒有。

結果不但沒有養成孩子挑戰的精神，反而讓兒子們有總是「被強迫」的感覺。無論做什麼事都很消極被動，連念書也覺得是為了父母不得不念，他們向我坦白這樣的想法時，眞的讓我打寒顫。

特別是姊弟四個人之中，最沒有毅力、注意力渙散的長子，在國中後因為我從小到大過度保護的後果，總是缺乏**自主性與上進心**。

自從他自己開始挑戰撰寫書籍後，才解開過度保護的枷鎖。現在他是姊弟之中閱讀量最多的，熱心地從各種管道分享自己的經驗與學習到的知識。

他自己訂定好目標，朝向那個目標努力時的專注力，我光在旁邊看都會覺得很累。那個時候，我絕對不會打擾他。

另外，最小的兒子在升上國中，從我的過度保護、過度干涉中解放之後，馬上成為自己人生的主角。先前也有提到過，他先加入了柔道社，很快地拿到黑帶，在好幾個比賽中取得勝利。同時，他窩在房間裡念書的時間也增加了許多。這是我後來才知道的，原來他那時下定決心高中要到海外留學，瞞著我們苦讀。從開始獨自學習英文，取得 TOEFL 目標分數的時機點，他向我宣告他的決心，如願以償實現了留學夢。

上述經驗讓我覺得，我的兒子們就算再怎樣愛玩，親子之間應該要好好商量一起訂定目標才是。我深刻地反省，如果讓孩子自己選擇，使他朝著目標努力，他應該會變成自己努力念書類型的人，早早成長了吧。

藉由回顧眾多問卷調查的回答，跟我自己育兒經驗的反省，使我確信，**要提高孩子「堅持努力到最後一刻」的動力，就是「依照孩子的意思讓他挑戰」**。

不經思考地讓孩子體驗各種事，是不會持久的。就跟亂槍打鳥，打再多發子彈也不會命中目標一樣。

2 成為孩子的啦啦隊——支持孩子的挑戰

問卷調查結果

✶總是支持我向各種事物挑戰

我父母的教育方針是「持續支持孩子向各種事物挑戰」，支持我參加小學的全國足球大賽或高中的交換留學等，**在我自己主動挑戰各種事物時，父母不只提供資金上的支持，在精神層面上也持續支持我**。因此，讓我有在小學足球賽取得冠軍等，日常生活不會有的經驗，這對於我價值觀的形成非常有幫助。

（東京大學研究所W同學）

✶盡全力創造讓孩子挑戰的地方

我認為，我**父母盡全力提供孩子「可以挑戰的地方」，培育了我現在強烈的上進心等特質**。只要是我感到有興趣的事，或是在考量未來時應該知道的事，大部分父母都從我小時候就一點一點地協助我實現。

＊父母阻止我留學，成為心中的遺憾

我的父母個性保守，因此時常會阻止我的行動。我在高中時想到海外留學一年，但受到父母強烈反對，結果作罷。**我總是覺得，如果當時有去留學，我的人生應該會不一樣吧。**

（大阪大學工學系研究所I同學）

孩子蘊含著各種可能性，父母不要限制孩子的選項，應該支持孩子朝著夢想努力。因為那可能會成為改變孩子人生的契機。

（東京外國語大學Y同學）

父母的支持是孩子動力的泉源

──父母見識淺薄會阻礙孩子的成長

培育孩子「堅持到最後的能力」，父母的支持不可或缺。光靠孩子的意志力是有限的。

在問卷調查當中，我們可以看到，很多父母會阻止孩子挑戰除了考試念書之外的事。

我認爲**父母應該要有自覺，自己的見識淺薄有可能會阻止孩子的挑戰與成長**。

如前面提到的，家中的老公在高中二年級時，突然說想到美國的高中留學。當時的我非常忙碌，幾乎沒有時間照料孩子們的精神層面，因此對我而言根本是晴天霹靂。

老公念的是國高中一貫的升學學校，因此我沒有做好心理準備，強烈反對老公出國留學的想法。但是他苦讀英文，也已經考了必要的考試，辦好留學申請手續，一點也不讓步，最後是我舉白旗投降了。

在京都車站看著兒子乘坐的「HARUKA」號消失的瞬間，我放聲大哭，回到家裡對著三個孩子亂發脾氣：「都是你們欺負他，所以老么才會這麼早離開家裡。」只要稍微看著老么的房間、去超市買菜，或是工作時都會突然淚流滿面，讓家人非常困擾。

我夢想著，老么在高中或大學畢業之後回到家中時，我就可以做個過去一直未能做到的溫柔母親。但兒子一路念完大學、研究所之後就直接在美國就業，再也沒有回到老家一起生活過。

那是網路與行動電話正要普及之前的年代。聯絡方式大概就是打電話到房東家簡短扼要地講，手寫通信的程度，聯絡非常緩慢不方便。兒子說，是他自己說要出國留學的，所以他非常努力念書。

我原本覺得兒子總是沒有毅力將一件事情做到最後，但我發現，**孩子對於自己決定的挑戰，能夠有責任感地、果敢地努力到最後，並完成挑戰**。現在回想起來，那個時候的我，只以媽媽我沒做好心理準備為理由堅決反對，實在讓人冷汗直流。

我們家雖然最初反對孩子的挑戰，但在確定要留學之後，就轉為熱情支持，孩子也有責任感的努力到最後。這讓我實際體驗到，**假使最初否定孩子的挑戰，最後相信孩子、轉而支持孩子，也是能夠提高孩子的動力**。

在此想告訴無法理解孩子想挑戰事物的父母，如果無法支持孩子超越父母，持續向各種事物挑戰，會糟蹋孩子的人生，造成無法挽回的後果喔！

3 向孩子表達對他的期待

——但別忘了，不要成為孩子的重擔

問卷調查結果

★以想要回報他人對自己的期待而努力

父母向孩子表達對他的期待，這樣的教育方針造就了現在的我。因此**為了不要讓對方失望，我不惜一切努力**。

我記得，當時我的祖母代替忙於工作的雙親養育我，因為想要回應祖母對我的期待、想被祖母誇獎，因此在小考時會拚命檢查有沒有錯誤。另外，在上課時，當老師因提問題沒有人回答而感到困擾時，我會舉手回答。

像這樣，我會考量對方的感受，理解對方想要什麼，然後採取合適的行動，因此家人、老師、朋友對我的信賴深厚。而我也覺得必須要回報而不惜一切努力。

但是，我希望周遭的人可以改善對我期待過大的問題點，因為**害怕辜負期待的恐懼深植我的內心**。我會覺得，如果我辜負期待，是不是會被拋棄。期待成為了我的動力，但另

一方面，也讓我失去自由的時間。（東京大學法律系T同學）

讓孩子有夢，對孩子有所期待是父母的工作

——「好期待」讓孩子能努力，「壞期待」則會造成孩子負擔

父母對孩子有所期待，是自然地表達愛情的表現之一，而孩子也會想要回應期待而努力。

諾貝爾獎得主山中伸彌教授，也是含著淚在記者會上表示，能夠向高齡80多歲的母親報告得獎消息眞是太好了。經常可以聽到失去父母的人說：「最爲我開心的人已經不在了，今後不知道要以什麼爲目標努力。」

對於孩子的活躍、名譽或成功，不會有父母不因此感到開心，反而是未充滿「期待」的親子關係比較令人擔心。

該怎麼看待讓這位學生感受到恐懼的期待呢？追根究柢，應該是期待程度跟表達的方法出了問題。

在問卷調查當中，也有**好幾位學生對於無論拿到再好的成績，也不會顯露喜悅表情的父母表達出明顯的不滿**。這些學生對父母表達抗議，如果在取得好成績時，父母能夠稍微誇獎一下，或是表現出開心的樣子，孩子也會更開心、覺得努力有價值。這些父母們可能是不擅於表現情感，或是不知道該如何誇獎孩子吧。

另一方面，我們家的父親則是在孩子出生的瞬間就覺得**「這孩子長大之後至少是博士或大臣，或者是總統吧」**，寄予了過度的期待。他的想法非常認真，因此我很害怕，孩子如果沒有達到他的期待時（雖然這樣想比較實際）會有多麼失望。

我總是跟他說：「比起過度期待壓垮孩子，不如普普通通的、健康地長大才是最好的。」但有時候會被他嚴厲斥責。當然，對孩子不抱有夢想或寄予任何期待，只把孩子餵飽，誰都可以做得到。在這裡，我是針對期待的「程度」提出疑問。

反之，我也知道好幾位父母不考慮孩子的性格，把「這孩子只能當醫生或律師」的想法強押於孩子身上，結果孩子入學考試一再失敗。

爲了回應父母的期待，挑戰時的心情是眞誠的，可是**一旦未能獲得成果，很多時候親子關係會出現裂痕**。

將未能獲得成果的原因怪罪於父母身上，或是覺得辜負了父母對自己的期待，造成反效果而一蹶不起，往往會演變成慘烈的悲劇。

父母老舊的價値觀或愛面子，忽視孩子特質的期待，對孩子而言只會是負擔。

但是，配合孩子的適性，**讓孩子感受到父母的愛，給予適度的期待，會成為孩子強勁的動力來源**。那個時候無須避諱，大方對孩子表達期待與誇獎吧。

4 確定孩子「認真」的程度再投資
——砸下大筆教育費，不是沒用就是浪費

問卷調查結果

★**確實掌握孩子認真的程度**

我父親總是支持我挑戰各種事物，為了不要抹滅我在某個領域的才能與可能性，父親盡一切努力蒐集資訊、投注資金，毫不保留地養育我長大。

然而，**那並不是無計畫性的、無限制的燒錢**。我是認真的想做這件事情嗎？是否有持續努力的意願？父親會充分地跟我討論、確認之後才決定投資。

（東京大學教育學系—同學）

★如果抱著玩票的心情，父母不會讓我學才藝

父母在年輕時學過鋼琴，因此非常熱心安排我的小提琴課。有一段時間，我想要上的小提琴課，老師的教室單程交通時間需要2小時，一次教學費用需花費5萬日圓。雙親半開玩笑地跟我說：「這個才藝需要我們花很多時間接送，而且學費很貴。你無論如何都想要跟這位老師學嗎？」**以確認我認真的程度**。

那時我的年紀還搞不清楚學費有多貴，但知道我不可以馬虎，而更加精進努力。我非常感謝我的父母，讓我可以跟著那位老師學習一年的小提琴。

（應慶義塾大學S同學）

沒有強烈的決心，撒再多的錢也是浪費

——那項才藝課真的「有意義」嗎？

「只要是爲了孩子」，不計較教育費多寡的父母很多，但揮金如土般地花費大筆費用，往往不是浪費就是造成反效果。

上補習班或學校可能需要一些參考書，但孩子說需要什麼就把錢給他，並不是高明的做法。很多時候必須確認：給孩子的錢有按照目的使用嗎？**孩子努力的程度有相對應到投資的金額嗎**？即便你認爲「我家孩子可以信任」，但這世界上充滿了巧妙的誘惑，大部分的孩子尚未擁有可以自行判斷金錢使用方式的能力。

如第二章所述，支持孩子從簡單的興趣拓展視野很重要，但當考量家計的限制，深入培養興趣時，**掌握孩子認真的程度，再給予支持更重要**。

這是我某位朋友的故事，她三個孩子當中只有一人開口說想要學小提琴。她說，那時她向小提琴老師拜託：「這孩子就交給老師半年，在這段時間請老師你只要幫忙確認，這孩子是否擁有小提琴的資質，是否竭盡全力努力就好。」

有很多父母經常因爲小時候沒辦法學想要學的才藝，或是爲了附近的孩子都在學等理由送孩子上才藝課。

另一方面，這位朋友她向孩子跟先生表達，如果不好好努力學，只是爲了上課而上課，她不想持續付這筆才藝費。這可能**讓她的女兒產生了「馬虎練習可能會被迫停止」的**

危機意識。後來，她的女兒在那之後進入了藝術大學，持續精進小提琴。

這個例子是向孩子表示：**「就算有錢，也不會花在孩子沒有『強烈決心』的地方。」**在問卷調查中也有好幾位學生回答，爲延伸孩子才能，父母在確認孩子的認眞程度之後才投下資源的態度，會直接影響孩子之後的努力與認眞的程度。

「只要是爲了念書」「只要對孩子的未來有用處」而無條件地投資孩子，並非父母的責任義務。在此是想強調，在孩子沒有意願的地方揮金如土般地投資，也只是把錢丟進池子裡罷了。

問卷調查結果

✶怠惰時就會被父母嚴厲斥責

我的父母並不特別熱心教育。但現在回想起來，我感謝**父母在我不認真時會嚴厲斥責我**。例如我某天偷懶不去社團活動，就會被狠狠地罵一頓。

想精通運動或學習，所需的能力皆相同，那就是「專注力」「邏輯能力」「反覆能力」與「時間管理能力」等。

我認為要養成這些能力，無論做什麼事都必須認真以對。因此我很感謝父母在我國中畢業前徹底地讓我做想做的事，然後當我怠惰時嚴厲地斥責我。

（應慶義塾大學經濟學系N同學）

✶希望父母當時可以多罵罵我

我希望父母可以改善太過「不強迫孩子努力」這一點。現在回想起來，兒子如果翹掉好幾次補習班的課，**父母應該要好好地斥責孩子才對**。「讓兒子置身於充滿優秀夥伴的環境，促使他主動學習。不強迫孩子，但孩子如果過度怠慢時應該提醒他」是很重要的。

（東京大學新領域創新科學研究所K同學）

孩子不只是期望父母「溫柔」

——有的東西是「父母不罵就學不會」

雖然我之前說，父母不要阻止孩子挑戰，應該要全力支持，但另一方面，孩子如果偷懶，就必須堅決地斥責。**就支持孩子的挑戰，父母既有「發言權」，也有「守護的義務」**。

在問卷調查中有很多學生表示：「家庭教育雖然自由放任，但孩子偷懶時希望可以多罵罵孩子。」這樣的不滿讓我有所感觸。

因爲我總是斥責孩子，我的責罵對孩子而言就像是聽習慣的背景音樂，因此在眞正重要的地方沒什麼效果。

必須要求孩子「拚命、認真挑戰的姿態」。會念書的孩子，通常也很熱心於社團活動或課外活動。雖然不知道是因爲對任何事都很認眞努力，所以不論做什麼都很優秀呢？還是因爲很優秀所以做什麼事都很認眞呢？總而言之，關鍵就在於「認眞」的程度。

從問卷調查當中可以看到，好幾位學生的父母對於孩子參加社團活動等，都展現**「當

孩子拚命努力時會不惜一切支持，但當孩子偷懶時就嚴厲斥責」的態度，這樣的教育方式對於培養孩子「認真」的態度應該有所幫助。

雖然是很容易忽略的小地方，**在社團活動偷懶的習慣，長大之後可能會對人生有全面性的負面影響**。在年幼時是養成「偷懶一下也沒關係」「不比別人優秀是理所當然的」這樣的失敗論習慣，或者是養成「一點點也好，抱有想要更進步的上進心，持續努力」的習慣，會左右孩子的人生。

就我所知，大部分「做任何事都認真努力」的人，長大之後無論是工作、生活或興趣都能持續發揮才能，生活有餘裕且多采多姿，過著令人羨慕的人生。

學生時期累積在社團活動拚命努力的經驗，是非常重要的。不但可以養成上進心與專注力，也能夠遇見良友和競爭夥伴。而最重要的是，可以形成孩子主動且積極地迎向人生任何挑戰的態度與習慣的基礎。

從本次的問卷調查當中，我們可以看到有人**當怠惰的時候被父母嚴厲的斥責，所以才有現在的自己，對父母表達感謝之意**；也有人不滿地表示，即使怠惰也沒被罵，這是父母的怠慢。

孩子對父母不只是期望溫柔。當孩子專注力不足，或是對自己決定好、應該要做好的事偷懶時，父母就用愛好好斥責孩子吧。

6 不要讓孩子輕易地中途放棄

——不要養成半途而廢的習慣

問卷調查結果

★半途而廢會養成壞習慣

我在小學時期很喜歡活動身體，因此拜託父母讓我去上游泳學校。那間游泳學校的課程分成24到1的等級，通過每個月的測驗就可以往上晉升一個等級。我雖然努力達到了2級，但1級遲遲無法合格，我逐漸變得討厭去游泳學校，向父母表達想要退出游泳學校。

那個時候父母對我說：**「凡事半途而廢會養成習慣，會變成任意找個妥協點，每件事情都半途而廢的人。」**不允許我退出。

本來個性就不服輸的我，每到假日就跟父母到市立游泳池反覆練習不擅長的仰泳，終於在第三次考試時合格，從游泳學校畢業。**當時沒有退會，努力到最後通過考試真的是太好了**，收到合格通知書瞬間的成就感與舒暢感，到現在我都還記得很清楚。

（青山學院大學經濟學系M同學）

★一旦開始，就要努力到最後的教育方針

我從五歲開始學鋼琴。剛開始是團體課程，結束之後，母親配合我的程度找了其他老師讓我繼續學習。當某位老師無法繼續指導時，母親蒐集了各種資訊、拜託他人尋找門路，終於**幫我找到了一位老師得以繼續學習鋼琴**。多虧了母親如此支持我的態度，讓我養成了在一件事情上堅持到最後的能力。

（大阪大學K同學）

堅持就是力量

——有志者事竟成

讓孩子養成「不半途而廢的習慣」，對於引導出「堅持到最後的能力」與「尚未開發的才能」有絕對的重要性。從本問卷也可以看得出來，**對於「不讓我半途放棄的父母」，表示感謝的學生格外的多**。

俗話說「有志者事竟成」「堅持就是力量」不是講好聽的。我的友人櫻是位速記高手。速記利用類似阿拉伯文字等記號，如同步口譯般將人們的發言記錄下來，是相當高難度的技能。

她在高中一年級就已擁有相當程度的速記證照，在速記比賽時也總是取得優秀的成績。說到速記就想到櫻，說到櫻就想到是速記很厲害的人，速記宛如是她的代名詞。

她之所以會開始學速記，是因爲她父親勸她學的，她沒想太多便開始學習速記。但開始之後發現很難，對速記總是無法產生興趣。她好幾次都跟父母說想要放棄，但父母總是回答：「有志者事竟成。如果學滿了三年，不學也可以，至少把基礎學精通再放棄。」**父母的態度堅決，幾乎沒有通融的空間**，讓她覺得，如果硬是停止學習速記，父母之後應該不會再聽取任何自己的希望。

她成長於富裕的家庭，學習其他才藝應該也不是什麼稀奇的事，但她唯一學習過的才藝只有速記。她應該是轉換了想法，覺得早點學好基礎，就可以不用再去上速記課吧。

但就在她學好基礎時，彷彿開了天眼般發現速記的有趣之處，她不斷地練習，技巧不斷地進步。我曾經親眼看過她速記的高超技巧，她使用記號飛快地記下我們的對話，然後將記號轉換成日文，過程宛如藝術。雖然可能稱不上超級華麗的特技，但如同第一章提及到的，「**有一技之長的人擁有自信**」，讓她成爲光輝耀眼的存在。

以「至少把基礎學好」說服孩子，不接受孩子說洩氣話的父母，他們堅決的意志與態度，形塑了她相信只要努力就可以做好的自信與魅力，即便她的成績並非特別優秀，也不影響她的學習。

可以看到很多孩子雖然學了很多種才藝，但因爲可以自由停止，因此才藝課一個接一個上，**每個都沒有成果，最後半途而廢放棄不學**。

雖然話是這樣說，但光只是說「中途放棄會養成習慣，所以你要繼續學」沒有說服力。要讓想放棄的孩子了解「有志者事竟成」的道理，父母自己本身必須要有堅強的意志力。就像櫻的父親所說的：「至少把基礎學好。」**想要放棄，就必須先達成些什麼**，讓孩子決定目標會是個好方法。

當然，有時確實應該趕快放棄，才能集中資源與時間於符合孩子適性的才藝，無法一概而論。

即便如此，以「不讓孩子輕易放棄」的堅定教育方針爲原則，用有說服力的話語激勵孩子，讓孩子持續堅持下去是很重要的。在幼年期養成貫徹始終的習慣，會成爲一輩子都適用、無論什麼事都可以堅持到最後的基石。

7

讓孩子學習「克服失敗的堅強」

——養成從失敗中學習教訓的習慣

問卷調查結果

✶即便孩子失敗，也不會情緒化地斥責孩子

我父母針對我的失敗，絕對不會大聲辱罵或動手打人。父母教過我的問題如果出錯，或者是跟朋友打架時也是一樣，父母的口頭禪是「下次多注意就好」。**我的父母絕對不會打罵孩子，當我有疏忽或是失言時也會提醒我，因此在學校遇到討厭的事時都會跟父母說。**即使失敗也不會斥責孩子的安心感，跟總是給予適當建議的父母，讓我感受到他們對我無條件的愛，我十分感謝父母。

（東京大學研究所J同學）

✶不會對孩子的失敗感到憤怒，協助孩子自己思考原因、克服困難

父母不會為了我的失敗而生氣，反而會分析我失敗的原因。因此讓我養成失敗時不會情緒低落，反而是思考該如何處理問題的習慣。

我在小學時玩過迷你籃球。當我在比賽時反覆失誤，無法有活躍的表現，回到家裡跟父母說了之後，他們不會斥責我，反而是**用我可以理解的方式促使我思考，為什麼會發生失誤、該怎麼做才能減少失誤**。如果覺得需要練習，就讓我在房間對著牆壁練習對打，跟他們說想要練習籃下動作時，父母就幫我準備了籃球框。

（東京大學經濟學系Ｉ同學）

不要斥責孩子的失誤，要讓孩子思考失敗的原因

——一旦斥責孩子的失敗，孩子會變得畏縮而學會說謊

父母對孩子的失敗大發雷霆，會讓孩子畏縮，無法從失敗中學習。在問卷調查當中，也可以看到好幾位學生向父母表示感謝之意。他們的父母，**即使孩子失敗，也不會感情用事地斥責，而是將重點放在該如何從失敗中學習**。

當思考到「克服失敗」時，我一定會想到友人鬼怒川，他對家人非常嚴厲，是個易怒

的人。他發脾氣的方式非常激烈且糾纏不清，普通的家庭一句「之後多注意」就可以解決的小失誤或過錯，換作鬼怒川就會大發雷霆。

鬼怒川糾纏不清的斥責程度，會讓人不禁懷疑他是不是憎恨他的家人。不久後，只要發生壞事，在問題解決之前，大家會費盡心思地不讓他知道，這成爲他們家的慣例。他這種激烈的責罵方式使得全家人變得畏縮、經常說謊。

像鬼怒川那樣感情用事的責罵方式，只會養育出忙於掩蓋過錯的孩子。如果父母在孩子失敗時也不斥責，著眼於失敗本身，然後提供克服失敗的意見與協助，孩子就能夠學習到不畏懼挑戰，**透過失敗經驗，克服並應對無法隨心所欲的情況**。

在長遠的人生中持續挑戰，自然也會遭遇許多失敗。那時是否能努力到最後，是否能面對失敗則是關鍵。

爲了讓孩子學會「克服失敗的堅強」，當孩子失敗時，不可以大發雷霆使之畏縮。不要讓孩子失去自信，同時**教導孩子不要隱藏過錯、承認失敗，自己思考失敗原因的重要性**。

像這樣，將失敗作爲學習，是培養孩子「克服失敗，努力到最後的能力」。

第三章的重點

跌倒了也不放棄的人，最後一定會成功——打斷手骨顛倒勇

某個紀錄片節目中詳細介紹過，日本首屈一指的心臟外科醫生天野篤的故事。天野醫生重考三次進入了「非一流」的醫學大學，畢業之後甚至連醫院藥局也不肯收留，到處都找不到工作。如果換作是普通人，就會放棄成為「名醫」之前的試煉。

天野醫生到處拜託，終於找到一間醫院願意聘用。他以那個醫院為起點，透過見習許多名醫的外科手術等學習醫術。天野醫生也曾經被認為個性囂張而遭解雇，但他一心想成為外科醫生，持續不斷地挑戰，磨練醫術。他的座右銘是「一心一意」。

天野醫生的父親患有心臟疾病，他想要用自己的雙手治好父親的病，因此有強烈的動機。如果天野醫生想成為外科醫師的動機沒有如此強烈，會挑戰重考三次醫大嗎？如果他的人生一帆風順，在成為醫生後會有辦法持續挑戰接踵而來的逆境嗎？這是值得懷疑的。

對於在逆境中求生存，擁有強烈動機的醫生而言，失敗是可以克服的，而不是畏懼的對象。他說他不安於現狀，今後也以百戰百勝為目標，想更加精進地磨練技術。

有的人天生能力就比較好，稍微努力一下就可以考進期望的學校或拿到想要的工作，但大部分的人能力中等，只有「絕對不放棄，努力到最後」這條路可走。

因此，抱著「強烈的動機」跟「自己可以做得到」的自信不斷往前進，可以說是達成目標的重要基礎吧。

天野醫生可以說是本章主題「堅毅」的象徵人物，從他的例子中最應該學習的是，貫徹初衷，跌倒了就站起來，打斷手骨顛倒勇，堅持到最後的堅忍精神。

那麼，讓我們來回顧一下培養「堅毅」品格的重點：

★提高孩子的動力

1. 提高孩子動力的秘訣，就在於「讓孩子挑戰」

你有讓孩子挑選挑戰的對象嗎？唯有自己主動挑戰感興趣的事物，才能擁有堅持到最後的能力。

2. 成為孩子的啦啦隊

你是否是孩子挑戰事物時的最佳啦啦隊呢？孩子還小時做任何挑戰，如果沒有父母在精神與物質上的支持，多半都無法持續下去。

3. **向孩子表達對他的期待**

你是否有向孩子傳達父母的期待呢？期待過度沉重有可能會變成負擔，但父母適當的期待則會成為孩子重要的動力來源。

★讓孩子認真地堅持到最後

4. **確定孩子「認真」的程度再投資**

你是否在支持孩子挑戰時，毫無限制地支持呢？在孩子沒有強烈決心的地方揮金如土，反而會造成反效果。

5. **孩子若不認真就斥責**

孩子如果不認真，你是否有確實地斥責他呢？當孩子在自己決定開始做的事上偷懶時，請堅決地斥責他。重要的是，要讓孩子學習到拚命地、全神貫注地努力到最後的態度。

6. 不要讓孩子輕易地中途放棄

當孩子輕易地說想要放棄時，你是否就答應他了呢？提供培養「不半途而廢，貫徹初衷習慣」的環境，是培養堅毅品格的關鍵因素。

7. 讓孩子學習「克服失敗的堅強」

你是否有協助孩子克服失敗呢？孩子失敗時就生氣，會讓孩子畏縮。結果會造成孩子想隱藏失敗，無法從失敗中學習。

第四章

磨練一流的「溝通能力」——

獲得他人信賴之溝通能力本質

讓孩子養成理解他人、相互理解的習慣

「顧問所需的溝通能力，不是流暢的表達能力，而是能夠確實地掌握客戶需求的傾聽能力。」

這是我還在外商策略顧問工作時，當時的社長向全體年輕員工分享從事顧問這行的心得中，一段讓我受益良多的話。

應該有很多人對顧問的印象是說話有條理、口若懸河，很擅長說話的人吧。**但實際上，不僅限於顧問類，各種商務工作的基本是了解客戶到底想要什麼。**

雖然現在講這些有點班門弄斧，但溝通最重要的地方是，考量對方的觀點、立場與置身的環境，對方針對什麼感到不滿、希望我了解什麼，一邊想像對方的心情，一邊理解對方的需求。

溝通能力也就是由表達能力、書寫能力、傾聽能力與憤怒能力等要素構成，然而其中**最重要且等級最高的溝通能力是「傾聽並理解對方的能力」**。

舉個例子，請試著想像一下夫妻每天爭吵的情況。彼此沒有半點意願去了解對方生氣、不滿的原因，卻滔滔不絕地說著自己的主張，想把對方辯倒。然而，那樣可以解決什麼呢？什麼都無法解決，只是加深彼此的不信任、憤怒與憎恨，加速前往離婚的目的地罷了。

商務也是一樣。業務不試圖理解客戶想要的東西和困擾，而是滔滔不絕地介紹自己想要販賣的產品特性，對方絕對不會有共鳴，只會讓人覺得煩躁而已。**結果就跟在北極販賣冰箱的道理一樣，浪費時間在沒有意義的業務活動上**。

這是很常見的道理，不要當一個把自己想賣的東西硬塞給客戶的銷售員，如果沒有掌握對方的需求，就無法提供正確的解決方案。

當然，表達與簡報也是重要的溝通能力。但是，在開始說之前，如果沒有先了解對方的需求與困擾、關心的程度高低、觀點與價值觀，**再怎麼樣有邏輯地、聰明地介紹產品，也只是浪費了「表達能力」**。

無論是夫妻吵架、商場前線，還是國家之間的外交，所需的溝通基本都是一樣的。

重要的是，跳脫自己的觀點與論點，站在對方的觀點與立場、了解對方的情感與價值觀，用不同的思考方式、不同的事實認知去理解對方的想法，使雙方意見達成一致，才是真正「一流的溝通能力」。

回顧我在各種全球化企業的工作經驗，令人尊敬的領袖，**都擁有剛才我所指的「一流溝通能力」**。而本章將討論「一流溝通能力」所構成的要素，思考如何發揮孩子溝通能力的育兒方法。

問卷調查中關於溝通能力的意見分類如下：

讓孩子習慣溝通

1. 讓孩子參加「社交場合」

2. 養成「寫作的習慣」

3. 讓孩子從小就習慣外語

4. 成爲孩子「什麼都可以說的對象」

讓孩子理解不同的觀點、價值觀跟情感

5. 積極地跟孩子討論各種議題

6. 不要將父母的「價值觀」強押於孩子身上

7. 不要感情用事，把理由說清楚再斥責孩子

讓孩子養成相互理解的習慣

8. 教導孩子感謝的重要性

9. 養成站在對方立場思考的習慣

10. 透過動物培養孩子關懷的心

使意見達成一致的溝通能力，重要的地方在於，即便被反駁也能夠冷靜地並且有建設性地議論。

二流人才碰到跟自己不同的意見，只會情緒化地貶低對方。

相較之下，**一流的領袖不會強押自己的觀點跟價值觀到他人身上，心胸寬大、能夠接受對方的意見**。正因爲如此，才能夠整合零零散散的意見最終達成一致。

溝通能力當中最重要的是「從對方的角度思考」，也就是當觀點、思考模式、價值觀跟看到的整體圖像跟對方不同時，是否能夠站在對方的觀點思考。**換句話說，也就是「理解對方的心情與觀點的能力」**。

英文有句俗語：Put your foot in his/her shoes.（站在對方的立場思考）先不論是否同意，**是否能夠以對方的觀點與價值觀思考**，是最重要的基本溝通能力。

以上說明了理解對方的重要性，但光只有那樣還稱不上是值得信賴的溝通。溝通並非只要有邏輯與資訊就夠了，人是情感的生物，因此養成與他人相互理解的習慣是必要的。

其中我特別想強調「感謝的習慣」。

人的根本欲望當中，沒有什麼比「想被認可」的欲望還要強烈的。雖然有人確實是不求回報地奉獻，但大部分的人當付出些什麼時，就會希望對方感謝自己。只因爲一句感謝，就會覺得自己有助於人，感到被人需要。相反的，未能感受到對方感謝之意時，就會覺得不滿。

如果對小事都能抱持感謝之意，就能相對的受到他人信賴，人際關係也能圓滑。**感謝之情的強烈程度，跟出人頭地有相當高的正向關係，對任何事情都抱持感謝之情，各方的幫助就會從四面八方湧入。**

然後，對社會的弱勢抱持憐憫之情，能夠理解弱勢者內心悲痛，是獲得社會廣泛信賴的基本溝通能力。

其他還有好幾個高難度溝通能力的要素，例如：有效率的邏輯式文章寫作、有效地改變對方行動的「有技巧的生氣方式」等，這些項目的內容將留在本章中詳細討論。

接下來，就跟著南瓜夫人一起探討磨練一流溝通能力的家庭教育。

1 讓孩子參加「社交場合」
——「熟悉場面」使孩子擅長社交

問卷調查結果

✶教導了我建立良好人際關係的樂趣

我的父母經常邀請人來家裡作客，而且跟鄰居往來密切，因此，我自然而然察覺到建立良好人際關係的樂趣與重要性。多虧了這樣的經驗，當我進入幼稚園、小學，世界逐漸向外擴展時，也能很快地適應環境。即使我持續成長，進入跟學校不同的群體時，也有自信能夠站在他人的立場來思考。

（大阪大學工學研究所—同學）

★我沒有機會跟父母以外的人接觸，對自己怕生的個性很困擾

我認為**「從小就給予孩子跟很多人接觸的機會」**是讓孩子學習溝通與社交能力的重點。可能跟父母同時都在工作有點關係，小時候沒有什麼機會跟人接觸就直接進入小學、國中，因此最初非常怕生，讓自己相當困擾。

有些朋友很幸運，從小就能跟雙親以外的人接觸，因此都不怕生，似乎都知道如何自然地跟大人來往，行為舉止恰到好處。

（早稻田大學T同學）

★希望父母能創造機會讓孩子跟陌生的人接觸

因為我少有機會跟陌生人交流，不知道該如何跟第一次見面的人溝通，因此進入國中、高中後，便積極地與人接觸來往，並透過閱讀學習溝通技巧。

很希望我的父母當時能**積極地帶我去參加能夠跟他人交流的活動**。

（東京大學T同學）

小時候的溝通經驗，會影響孩子一輩子

——大人的場合也讓孩子一起出席

問卷調查中有很多學生都提到，幼年時期各種跟大人接觸的經驗帶來了正面影響，我回顧自己的經驗也相同，使我確信**讓孩子多多跟大人接觸，能大幅提升溝通能力**。因爲從小就讓孩子「熟悉場面」，所以不會抗拒跟他人接觸，與初次見面的人接觸也不會膽怯。

我們家是大家族，而且親戚跟親戚的朋友經常來家裡作客。親戚之間向心力強，經常聚餐聯繫感情，因此我們家可以說是讓孩子跟大人接觸無可挑剔的環境。而且，親戚很喜歡跟小朋友聊天，孩子們從小就有很多機會跟不同的人對話。

可能是那樣的幼時經驗奏效，我家的孩子上幼稚園時已經是經驗老到的社交高手。他們總是遊戲的核心人物，幼稚園的才藝發表會等場合也相當積極活躍。在學校文化祭即興演出炒熱氣氛的也是我家孩子。

不會怕生或膽怯，是培養跟初次見面的人溝通能力的大前提。就這點而言，我的孩子們並未費太多工夫。

之後透過各種才藝學習，跟許多老師相遇，加上和許多朋友相處的經驗，更加磨練了他們的溝通能力。其中，特別是管弦樂團與籃球等團體社團活動，對於學習團隊合作跟培養領導能力相當有效果。

然而，以核心家庭爲主的現代社會，父母該如何讓孩子「熟悉場面」呢？雖然我們家本來就具備培育溝通能力的良好環境，但我也未因此而怠惰，仍然努力地製造各種機會讓孩子跟他人接觸。

例如，在幼稚園時，我讓孩子加入老師志願主辦的兒童社團。因爲我希望**孩子透過參加露營或旅行的機會，體驗跟朋友一起在外頭住宿的生活**。當時還在上幼稚園的老么剛開始有點膽怯，但回到家之後明顯地成長很多。

孩子的生日派對一定會邀請約十來位，多的時候甚至把全班都邀請到家裡。於是，對方的生日派對也會邀請我家孩子，成爲了跟許多朋友深入交往的契機。

兒子們雖然經常吵架，但吵架與爭執也是理解人際關係規則的大好機會。這時可以教導孩子「即便沒有惡意，也不可以強迫別人做對方覺得討厭的事」，然而，如果沒有跟許多人交流，根本也不會有那樣的機會學習。

另外，關於「熟悉場面」，在此介紹我一個熟人的家族例子，**當他邀請他或他太太的客人來家裡作客時，總是讓他三個孩子同席一起用餐**。

這個做法是依循「希望把孩子教育成不怕生的人」「偶爾想讓孩子聽聽大人之間的談話」的想法而生。他在孩子還小的時候就開始這麼做，即便最小的孩子現在已經是大學生了，也還是延續至今。

當他受邀到他人家裡作客時，會徵求對方的同意，盡可能親子一起出席。可能是「熟悉場面」的效果吧，這位朋友來過我家好幾次，他三個兒子都非常善於傾聽。但他們並不是覺得很無聊、只能乖乖坐著不打擾大人，而是講到有趣的話題會一起笑，有想問的事就自然地開口詢問。飯後是大人的時間，但孩子們依據話題，也會自己提出「可以再讓我一起聊一下嗎？」等要求，非常友善，讓人感受到他們的家庭教育相當成功。

我經常碰到有些年輕人，當遇到父母以外的人時，連打招呼都不會。當然也有例外，但**孩子會變得那樣孤僻，責任往往都在父母身上**。從幼年時期就讓孩子有跟各式各樣的人接觸的經驗，能夠讓孩子習慣跟他人交流。

2 養成「寫作的習慣」

——讓孩子愛上寫作的秘訣

問卷調查結果

★總之，我的父母讓我寫了很多信

我的母親非常喜歡寫信，因此，在我小時候經常要我寫賀年卡或寫信給朋友跟親戚。多虧如此，過新年時，我收到的賀年卡多到好像會從信箱滿溢出來。

另外，**受到喜愛寫作的父母影響，我經常寫信**。可能也因為如此，我變得很擅長寫作，無論是情書、論文或報告都非常在行。我很感謝母親讓我養成寫作習慣。

（慶應義塾大學綜合政策學系K同學）

愛寫作可以鍛鍊作文能力

——各種讓孩子喜歡上寫信的撇步

提升孩子溝通能力的重點之一，是讓孩子養成寫作的習慣。**引導孩子寫日記、閱讀心得或信件等，特別是在訓練孩子有條有理的表達能力上，效果非常好。**

心理學的實驗證明，手寫時大腦活動的程度會比用鍵盤打字活躍。

華盛頓大學心理學家弗吉尼婭．貝爾寧格教授所進行的實驗，是將受試者分成手寫跟鍵盤打字兩個實驗組，調查兩者之間大腦活動程度的差異等項目，研究發現，**手寫受試者的腦神經活動比較活躍，而且比較能產生豐富的構思。**

當想要向閱讀者傳達明確訊息而書寫文章時，手寫並反覆推敲字句、完成文章，會比可以簡單修改的鍵盤打字更能夠用到大腦，據貝爾寧格教授所說，手寫文章的過程可以強化大腦的記憶，而且手寫時運用的思考能力與想像力推測，跟溝通能力有直接關係。

我的朋友從以前就很喜歡寫東西，他們動不動就寫，而且都擁有出衆的溝通能力，這讓我更加確信寫作跟溝通能力有正向關係。

那麼，具體而言，該如何養成寫作的習慣呢？

我家孩子在小學時，老師教他們從「老師我跟你說喔」這句話開始寫日記。寫日常瑣碎的事也行，因爲**老師一定會回以肯定的評語**，因此孩子們都很喜歡寫日記。

寫閱讀感想文也很有效果。我在長女小時候做了一本閱讀感想筆記本給她，**讓她填寫閱讀過的書目、作者與主角的名字**。要求寫感想會造成太大的負擔，所以我隨她自由書寫。

就像是很開心地填寫幼稚園的出席表一樣，閱讀筆記本裡的書目不斷增加，孩子就很高興。不久之後，長女開始會把主角之外的周邊人物寫進筆記本裡，並且添加閱讀感想。

爲了讓孩子享受寫信的樂趣，我也會蒐購有可愛圖樣的明信片跟信箋堆放在長女的書桌上。因此，她拚命地寫信給表姊妹跟朋友，收到回信時就非常開心，變得越來越喜歡寫作。長大之後，她甚至應徵了某間知名報社的有獎論文比賽，獲得第一名。那篇論文還出了書。

現在，她成爲大學的教員，以撰寫文章跟說話爲業。

那麼，該怎麼做才能提升寫作能力呢？

讓孩子**簡潔地寫出腦中思考的東西或書的摘要，透過實作有耐心地學習寫作文章的訣竅，**對孩子的「寫作能力」會有很大的影響。

我認識的人當中，有對父子會寫交換日記。無論再怎麼忙碌，那位父親不僅針對內容，**包含用錯標點符號或文章不通順的地方，也都會溫柔且細心地寫下感想並指出錯誤，**在那過程當中，孩子寫文章的能力也不斷進步。

我確信，從幼年時期開始培養對寫作的喜好，養成書寫日記、信件或簡潔地摘要書籍內容的習慣，對於提升孩子的溝通能力扮演著非常重要的角色。

3 讓孩子從小就習慣外語
——很後悔沒有從幼兒時期學習英文

問卷調查結果

✶想在親近英文的環境下長大

考量近來全球化的發展，幼年時期在英語圈生活會很有幫助。因為在日本長大，導致我到現在仍然不擅長英語會話。我認為，幼年時期在英語圈的環境下生活，**不僅能夠解決語言學習的問題，也能夠以更寬廣的角度來思考事情**。

（東京大學工學系研究所M同學）

✶贏不了從小就學習英文的人

就我看到的歸國子女或進入名門幼稚園就開始學英文的朋友，**他們的英語能力是從國中才開始學習英語的人難以超越的**。即使有點勉強，也希望在幼年時期能夠在英語圈生活，或是從幼稚園開始就在親近英語的環境下成長。

（東京大學經濟學研究所金融管理組N同學）

母語的重要性不可以當作是迴避學習外語的藉口

——不懂英文會讓職涯發展受到限制

問卷調查中我們聽到了**很多學生希望能從幼年時期開始學習外語**的心聲，而實際上，自幼開始學習英語的熱潮近年來急速攀升。

最近邀請到我家的其中一位客人，帶了他小學一年級的兒子來作客。那位父親是曾經在中央政府工作的官僚，父子之間是用英語對話。

聽起來有點不可思議，因爲他們家好像讓孩子去上全科目用英語授課的國際學校，**在家裡也用英語溝通**。他們夫妻兩人都精通英語，深諳英語能力在工作上的優勢，因此決定讓孩子從小就學習英語。

這麼說起來，有一對活躍於香港的韓國夫婦也因爲有類似的經驗，因此把孩子送到國際學校就讀。

是否讓孩子儘早就開始學習英語，跟父母想要養育出怎樣的孩子，與其教育理念有密切的關係。

詢問能自由運用英語、活躍於世界舞台的人，**他們絕大多數都希望讓孩子儘早接受英語教育**。

贊成儘早學習英語的人主張，在大腦吸收力佳的時候，能夠學習到標準的發音，學習英語的效果如母語者。相反的，主張10歲之後再讓孩子學習英語的人則認為，發音稍微晚點才開始發展也沒關係，應該先將母語細緻的情感表達學好。

我個人則是認為，以好好學習母語為前提條件，外語教育應該要從幼年時期全面開始。我會這樣想，是因為我的孩子後來都到歐美留學工作，**比較早出國的孩子，其英語的發音跟運用都比較好，這差異是不爭的事實**。

我的周遭也有好幾位幼稚園孩童去上歐美老師開的英語教室，能夠以接近母語者發音默背英文詩。從小就持續學習英語的孩子，升上國中後都無須顧及學校教科書的進度，可以不斷地磨練其英語能力。

當然，過度熱心外語教育，沒有把母語學好，使得思考能力的發展遲緩，就是本末倒置。但是，從幼年同時開始學習母語跟外語，這兩者並非絕對對立，同時並行是可能的。

外語的重要性，不能以不曾在職場上使用英語、「父母世代」的老舊價值觀來做判斷。會說英語並不代表一定能找到好（期望）的工作，**但現在的年代已經演變成不會英語，連入場券都拿不到，只能吃閉門羹**。

順帶一提，在我們這一代，說到外語就是指英語，但現在學習中文或印尼文等各種語言的好處越來越多。再次強調，父母不應該以上一代老舊的語言教育價值觀，強押於孩子身上。

問卷調查結果

✶親子之間的溝通頻繁

感謝我爸媽重視跟家人相處的時間，並且提供親子溝通的機會。因為如此，當我有煩惱時能夠跟父母商量，他們也提供很多解決問題的提示給我，讓我養成了主動解決問題的習慣。

此外，也很感謝他們掌握了我真正想做的事，讓我能夠盡情發揮。**能夠做到這樣，我認為應該是因為親子之間相互溝通，所以父母可以區分出孩子對這件事情到底是不是認真的。**

（薩斯喀徹溫大學M同學）

✶日常生活的密切親子對話，讓孩子在選擇出路時更加順暢

在日常生活中我經常跟父母對話，因此相互理解。當我想要留學或繼續念研究所時，能夠很快做出決定。都是多虧如此，**當我有人際關係的煩惱時，商量的對象也是我的父母。**他們作為我人生的前輩，總是用讓我感動的方式鼓勵我。

（京都大學T同學）

在孩子進入青春期開始厭煩父母之前，建立起親子信賴關係

——突然說起教來，也只會被當成耳邊風

培養孩子溝通能力最重要的，果然還是**「親子之間什麼都可以說」的信賴關係**。問卷調查中很多學生都提到，感謝父母從小就有充分的溝通。

希望孩子遇到困難或有煩惱時會找父母商量，就必須讓孩子覺得父母是什麼話都可以說、值得信賴的對象。**而那樣的信賴關係，如果從幼兒時期就多注意、下點工夫建構是最為理想的**。

不只是母親與孩子之間，父親與孩子之間的關係也很重要。

孩子與父親之間的關係不融洽，大多數情況都是父親**在孩子小的時候工作忙碌，未能好好地跟孩子相處**。如果小時候是這種情況，當孩子進入青春期之後，父母變得不知道該如何跟孩子相處，親子之間會有距離感。

雖說如此，身爲父母，當孩子在人生叉路上感到迷惘或犯錯時，應該提醒或提供意

見。但青春期的孩子無法理解父母的心，就算父母說教也只是枉費唇舌。

即使親子之間的思考方式跟價值觀不同，如果平時就有在溝通，某種程度上彼此可以相互理解。若非如此，突然把父母的價值觀加諸於孩子身上，有時候甚至會演變成家庭暴力問題。

在我的家鄉有句諺語是「孩子是赤裸的客人」，比喻孩子是純潔無瑕地出生到這個世界上。這句話也是指，孩子的個性、習慣或是親子關係好壞，全看養育者如何教養。

從幼兒時期開始，**應該以柔軟的態度去理解孩子的世界，而非用權威擺出父母的架子**。然後向孩子明確傳達，對父母而言孩子有多麼重要，如果父母想要被孩子當成人生的導師信賴，平時真心誠意地跟孩子對話是很重要的。

無論父母再怎麼想要接近孩子，一旦進入青春期，孩子就會開始覺得父母「思想老舊」「囉嗦」，那時孩子跟父母之間的距離會突然拉開。

在那之前，讓孩子覺得**「跟父母什麼話都可以說」「父母會接受自己的想法」跟「彼此相互理解」，建立雙方的信賴關係**，對於孩子的溝通能力跟加強家人之間的羈絆，有非常重要的影響。

II 讓孩子理解不同的觀點、價值觀跟情感

5 積極地跟孩子討論各種議題——孩子會繼承「父母的對話水準」

問卷調查結果

✶在餐桌上跟父母討論的家庭中長大

我的父母親近藝文、經常閱讀，知識淵博。在我小的時候，**父母經常在餐桌或客廳熱烈討論各種文化與政治議題。**我也自然而然地加入話題，從那當中培養了我自己的價值觀跟表達方式。

（京都大學經濟學系M同學）

★希望父母可以積極地跟我議論各種事

我的父母並不積極跟孩子一起思考或談論事情。雖然反過來說，那也是「自己思考、行動」的教育方針，但跟父母談話時總有不足之處的印象。**很希望父母當時可以針對歷史跟社會，或是其他議題提出自己的主張，跟我一起討論。**

（慶應義塾大學環境資訊學系K同學）

培養接受批評、有建設性地討論的能力

——冷靜接受反駁的知識培育訓練很重要

好幾位學生回顧幼年時期，都回答希望跟父母有更多機會討論各種議題。我們家也因為**父子之間的討論頻繁，有效訓練孩子的討論能力**。

我先生很喜歡說話，只要有空就會找孩子聊天、問問題或說教，不過在孩子面前即使弄錯或有誤解時，也絕對不會承認。而長子面對這樣的頑固父親，一點也不讓步。其他孩

子都想趕快結束跟父親的對話，所以父親說什麼都對，但長子會想盡各種方法突破父親的矛盾，明辨是非。

長子從小就無法忍受曖昧的說法或打模糊仗的論點，雖然經常跟不願意承認明顯過錯的父親起衝突，**但現在想起來，那也是應該加以鼓勵**。

長子的健談，受到總是引誘他爭論的父親影響很大。父子倆像是打桌球一樣你來我往的言詞攻防，他敏銳的直覺就在這過程中被磨練出來。我的先生不願意輸給小孩，認真地不斷爭辯，善辯的他偶爾也會被逼到窘境。

另外，在親子之間的討論當中，也應該要讓孩子學習反駁跟人身攻擊的不同。以**坦然接受反駁的態度，讓孩子學習如何進行有建設性的討論禮儀**。累積越多好的討論經驗，越是可以感受到源自不同觀點、資訊與價值觀的意見也會隨之不同。

從小就積極地跟父母討論，能培養孩子的討論能力。在孩子想法尚未定型之前，應該讓孩子自然學習「辯論所需的思考方式與態度」。

6 不要將父母的「價值觀」強押於孩子身上

——讓孩子從對立的意見、價值觀與觀點學習

問卷調查結果

✶強押父母的想法於孩子身上，會讓孩子失去跟父母對話的意願

我父母的想法是「安定的生活才是幸福的根源」。父親大學畢業後就成為公務員，母親則是家庭主婦，經濟雖然稱不上富裕，但也是好好地把孩子拉拔長大，生活安定平穩。

我當然非常感謝這一切，父母似乎也希望我們可以走上相同的安穩道路。他們認為，要有安定的生活，就必須進入知名大企業工作，而要進入大企業工作，就必須要進入知名大學就讀，因此把我送入私立的國高中直升學校，非常熱心教育。

因為他們的想法是這樣，當我認真地跟他們討論「我想在自己有興趣的領域工作，不管公司規模大小」時，**他們不分青紅皂白地就對我說：「你應該進入大公司工作。」在那之後我就放棄跟父母對話了**。

（東京工業大學資訊理工學系研究所K同學）

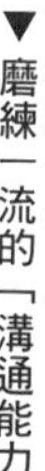

＊對只用自己的價值觀思考的父母感到厭煩

我的父親是負面教材。他很認真且誠實，但只依據自己的價值觀思考事物，**認為孩子的成績一定要好，必須是（父親所認為的）正直的人，我對這樣的教育方式感到很厭煩。**

（早稻田大學政治經濟學系H同學）

培養能尊重不同意見的「度量」

——創造任何情況都可以安心討論跟反駁的環境

我過去閱讀新聞時不曾有無法理解的句子或報導。但自從電腦普及之後，片假名的詞彙變多，我常看不懂報導裡語句的意思。而即使理解語句的意思，也不了解那個機制是什麼的情況越來越多。

當下，我領悟到自己已經跟不上時代，自我警惕不要不懂裝懂，扯孩子的後腿。具體而言，我可以提供孩子意見的，大概只有人際關係的禮儀跟料理時要加多少調味料而已。

在問卷調查中，可以看到有好幾位學生不滿父母強押他們的價值觀於孩子身上。**當父**

母單方面地強押價值觀於孩子身上時，孩子會覺得「不管說什麼都沒用」，最後失去跟父母認真討論的耐性。如此，家庭就失去了持續培養孩子溝通能力的功能。

尊重孩子意見的父母所養育的孩子，能夠在家裡學習到尊重對方意見的溝通能力。也就是，即使聽到不同的意見，也能向對方表達自己主張的高難度溝通技巧。

夫妻之間的溝通方式，對孩子的影響很深。**感情融洽、尊重彼此想法的夫妻教養出來的孩子，他們長大結婚之後，大多也會用體貼的詞彙跟說話方式跟自己的伴侶溝通**。

相反的，經常聽說在父親總是用命令語氣跟母親說話的家庭環境下長大的男性，也會不知不覺地用命令的語氣跟自己的伴侶說話，因此容易吵架。

父母扮演著讓孩子學習跟不同意見、價值觀和觀點的人溝通的重要角色。在孩子往後的人生道路上，有很多無法稱心如意的事情正在等著他們。想要避開跟自己的意見與利害關係對立的人，是不可能的。

在那當中，**必須教導孩子傾聽不想聽的話，仔細聆聽並尊重對立的意見跟價值觀。**而父母必須帶頭示範有彈性的溝通方式，陳述自己想法、有的時候必須承認自己明顯的過錯、撤回之前的說法。

當孩子很明顯錯了，或者是身爲父母無法接受孩子的說法時，也不可以因爲對方是小孩子就**不分青紅皀白地否定，硬是把父母的意見強押到孩子身上是非常危險的**。因爲孩子會模仿大人，這樣就無法健全地發展「接受並理解不同價值觀」的重要溝通能力。

7 不要情緒化，把理由說清楚再斥責孩子

——不要動怒，而是提醒孩子

問卷調查結果

＊希望我的父母當時能好好說明斥責的理由

針對家庭教育，我希望父母可以改善的地方是，斥責孩子時應該向孩子說明為何而罵，好好說明斥責的理由。希望父母當孩子做了不好的事情時，**詢問孩子為什麼這麼做，連同犯錯的原因也一併解決**。然後，希望父母經常誇獎孩子，以肯定的詞彙養育孩子。

（名古屋大學物理學系K同學）

＊只要父母不情緒化，孩子的叛逆期很快就會結束

可能因為母親是公司的經營者，比較感受不到親切溫柔的感覺。但是，仔細觀察可以發現，母親不會沒理由的發脾氣，**責罵孩子的時候也會有條理地把理由說明清楚，讓人心服口服**。我想，這應該是我叛逆期在國中時期就結束的原因。在斥責孩子時，不要只是情緒化地發脾氣，應該讓孩子理解他錯在哪裡，這對於教養而言相當重要。

（青山學院大學經濟學系O同學）

＊因為曾經被體罰的關係，因此變得極度害怕他人對自己有敵意

幼年時期的體罰經驗（當然只有當我犯錯時才會被體罰），有可能是形成我極度害怕對方對自己有敵意的原因。

（東京工業大學研究所　H同學）

耐住想發脾氣的情緒，讓孩子自己察覺錯在哪

——「不講理地斥責」，之後一定會後悔

關於父母的斥責與生氣方式，是這次的問卷調查中出現最多回答的主題之一，由此可見這對孩子的影響有多大。

生氣與斥責，牽涉到高難度的溝通能力。因為必須一邊控制自己的情緒，一邊推測對方的心情，思考該怎麼做才能解決問題。

希望各位注意的是，**「父母的生氣方式」**會跟**「孩子的情緒處理能力」**有直接關係。

孩子只不過不小心弄掉筷子，情緒化的父母就會大發雷霆。孩子一旦在幼兒時期有類似那樣跟父母溝通的恐怖經驗，**就會變得極度害怕父母，或是對大人產生不信任感**。然後孩子會因爲自我保護機制，學會說謊，失去孩子應有的天眞純樸，這對孩子而言完全沒有任何教育的效果。

即便孩子年紀尚小，一旦養成不說明理由就情緒化責罵的習慣，很有可能會在親子關係之間埋下禍根。

如果父母只會單方面不講理地責罵孩子，**當孩子進入青春期之後，這種斥責方式會失去功效，會逐漸變得無法相互了解**。等到變成那樣時才想說「應該更尊重孩子的想法」時，這會變成是孩子難以接受父母的想法。

以漫長的人生來思考，孩子默默地接受父母不講理斥責方式的期間，並不是那麼長久。但這個時期父母如果**以情緒化的方式斥責孩子，在孩子離巢獨立後，後悔的心情會**

持續不間斷。

就算再怎麼難以表達，也不可以情緒化地責罵孩子，只要針對特別重要的事，用誠懇的態度教導他，讓他主動發現過錯，態度自然會改變。

一直舉自己的例子實在有點不好意思，我的母親吃過的苦頭不算少，但她的個性相當沉穩。經常說我們是「神賜予的孩子」或「社會寄託的寶物」等，母親對待我們七個兄弟姊妹的態度還真的像是那樣，完全不會對我們責罵或說教，我幾乎沒有母親對我們情緒化斥責的記憶。

雖然是這樣，但母親並不是放任我們不管教，她大概每年會向某個哥哥或姊姊諄諄教誨。但那是非常心平氣和的說教，**是讓孩子發自內心地發現自己的過錯，溫和的說話方式**。沒有孩子會想讓那樣的母親感到困擾，因此不做讓母親傷心的事、不做母親討厭的事，是我們兄弟姊妹之間的不成文規定。

育兒期間的母親容易因為各種理由不由得對孩子發脾氣，但那個時候更要忍住，一邊深呼吸，一邊對著自己說：「**我不是馴獸師，是我寶貝孩子的教育者。**」冷靜之後，傾聽孩子的說法，然後引導孩子察覺為什麼不可以那樣做的原因。

III 讓孩子養成相互理解的習慣

8 教導孩子感謝的重要性
——家人之間也要彼此說「謝謝」

問卷調查結果

★因為「感謝」，所以能夠努力

我父母不斷地告訴我，**向所有支持自己的人表達「感謝」的重要**，那成為了我的中心信念。在升學補習班或大學生活，都是父母出錢讓我去的，讓我覺得必須竭盡全力才行，因此盡了自己最大的努力。

（慶應義塾大學Y同學）

★希望父母教我從小地方感受幸福

我父母無論是運動或念書，都希望我一定要拿第一名。從小我就被這樣教育長大。因此，無論是社團活動或是跟朋友玩耍時，只要我的表現不是最好就覺得不甘心，經常跟朋友有摩擦。希望父母能夠教我即使不是第一也能樂在其中，**對小事也能抱持感謝之情，用心胸寬大的教育方式養育我。**

（一橋大學N同學）

「感謝的習慣」創造魅力人格

——不懂得感謝的人，不會被他人信賴

我認爲，日常溝通最重要的是表達感謝之情。信賴關係與深厚人際關係的基本是感謝的心情。我看過好多**對周遭沒有感謝之情，無法獲得信賴而自取滅亡**的例子。

我家附近有數個政府機構共用的宿舍，每兩到三年就會有中央政府的核心幹部被外派

過來。聽說品行良好的幹部**平時會對部下說：「多虧了你讓這份工作很快完成，謝謝！」等感謝的話語**。

指正部下時，會在沒有其他人的地方跟部下說：「那件工作雖然做得不錯，但這個地方有點問題，可以請你重做嗎？謝謝你總是這麼幫忙耶。」

他的部下都異口同聲說：「就算他回到中央之後，只要是他派過來的工作，都會竭盡全力幫助他。」

他們說，無論來了怎樣的幹部，以地方政府這個部門的工作性質來說，部下實際必須做的工作不會有太大的改變。即使如此，雖然有的上司值得信賴，但也有的上司會讓人想要扯他後腿。遇到那樣的上司，有的人似乎會從部下的立場刻意延遲工作進度。

能否對周遭表達感謝之情，建立起信賴關係，在工作上會產生明顯的差距。

我身邊也有很多不懂得感恩、總是怨東怨西的父母。該感謝對方時不知感恩，覺得孩子送的禮物是便宜貨，抱怨朋友都可以一直出去旅行等，這樣的人即便再怎麼有錢，只讓人覺得他內心很貧窮。

我看過很多那樣的人，孩子長大之後雖然會反抗，但某一天會發現自己跟父母越來越像的例子。

只要用心去看，可以發現周遭有很多小小的喜悅跟快樂，到處都是值得感謝的事情。**父母知足感恩，能夠尋找出微小的喜悅跟快樂，每天都過著充滿感恩的日子，這樣的態度也會影響到孩子。**

我外甥女夫妻的個性是，對小事也會誇大地表達謝意。而我先生是不論人家端出多麼好吃的料理，也不會多說什麼，只是默默吃著；但外甥女的先生一定不會忘記跟太太說聲「謝謝」。他們夫妻的個性就是那樣，孩子幫忙拿報紙過來，把玄關前的鞋子排列整齊時，也一樣不會忘記跟孩子說「謝謝」。

這對夫妻從孩子還小的時候開始，在應該道謝時一定會督促孩子「有沒有說謝謝？」不只是對待他人，**就連家人之間也少不了彼此感謝**。當誇獎這對夫妻的孩子「好可愛呀」時，他們總是回應「謝謝」，發自內心地覺得開心。他們的孩子在上幼稚園前，有次碰到我，幼小的內心可能覺得應該對我表達感謝吧，在我開口說話之前先跟我說「謝謝你總是誇獎我很可愛」，讓我嚇了一跳。

這個家庭無論多麼微小的事也不會忘記要感恩，對任何人都一樣誠懇，將感謝化爲言語，用非常簡單明瞭的方式傳達，因而獲得周遭的信賴。

如果只在心裡想而不表達出來，往往無法將心意傳達給對方。惜字如金、不懂得好好問候或是表達感謝的人，長久下來人際關係會出現裂痕。

父母可能覺得會念書才是最重要的，但那樣的教育方式會使得孩子無法建立良好的人際關係，成爲煩惱的來源。

在此，我想強調家庭裡必須先徹底做到「家人之間相敬如賓」的家風，**培養孩子凡事感謝、表達感謝之情的話語跟態度**，「感謝的習慣」會大大地左右孩子未來的人際關係。

9 養成站在對方立場思考的習慣

——不懂弱者痛苦的人，無法取得他人信賴

問卷調查結果

✶理解對方的心情是最重要的

每個人對優秀的定義都不同，而**我的父母教導我，理解對方的心情是最重要的**。因此，他們經常提醒我，必須站在對方的立場思考。

（某大學T同學）

✶重視他人心情的教育方針

我父母總是苦口婆心地說：「己所不欲，勿施於人。」「自己做不到的事，就不要去要求別人。」「成為能夠理解他人心情的人。」

（東京大學資訊理工系研究所T同學）

✶了解為他人著想的重要性

我父親即便工作再怎麼忙碌，也很珍惜跟家人一起度過的時間。我父母**從我小的時候就教育我：「絕對不可以欺負女生或弱者。」**我父母不但珍惜家人，對他人也不忘保持一顆溫柔與關懷的心，這種態度讓我學習到為他人著想的重要性。

（一橋大學O同學）

培養為弱勢著想的心

——父母的言行舉止左右孩子的感性

談論到溝通能力時，不可以忘記討論體貼對方的心情，特別是爲立場比較弱勢的人們著想的心情。而**受到心靈純潔的幼年時期經驗、父母的感受方式與思考方式很大的影響**。

因爲我自己本身就是日本社會的少數，因此習慣從少數或弱者的觀點看事物，我想這個地方應該有確實地傳達給我的孩子們。

我的二女兒經常被小學導師說：「我很想要把薪水分給這個孩子。」從老師沒拜託的雜事，到朋友們討厭的工作，她總是搶在前頭爽快地接下。

二女兒在小學一、二年級時參加學校運動會的賽跑項目，比其他孩子都還要快衝出起跑點。但仔細一看，她拚命地拍著鈴鼓，一直東張西望、回頭看，步伐像是在跳舞一樣，並沒有全力衝刺。再仔細一看，後方的村田（假名）同學順著鈴鼓聲音的引導沿著跑道跑著。

村田同學那個時候逐漸失去視力，幾乎全盲。我從家長觀賞席聽到了好多種聲音：「如果是我的孩子，我應該會請他婉拒拍打鈴鼓的引導工作。萬一發生事故怎麼辦？」「但村田同學好像說，如果是她引導的話就參加賽跑。」「從老師的觀點來看，能夠拜託的應該也只有她了吧。」

我雖然不清楚女兒擔任拍打鈴鼓角色的來龍去脈，但不喜歡出風頭的她，很盡責地完成了完成那項工作，身爲母親的我非常開心。

二女兒從小就會關心立場比較弱勢的朋友，類似這樣的故事很多，而我是因爲老師或媽媽友人向我道謝時才知道這些事。

長子武貴在幼稚園時體格就比其他孩子壯碩，在玩遊戲時總是擔任主導的角色，都用命令的語氣跟玩伴說話。

雖然只有一次，曾經有位氣勢比較弱的孩子跟他的母親透過老師向我抱怨：「我的孩子被當成手下使喚。」我嚴厲地指正長子，即便你沒有那個意思，但對方有不愉快的感覺時就不可以那樣做。

長子在小學低年級時，班上有位名叫小步的孩子，因為幼兒時期的高燒導致行走跟說話有困難。長子可能是理解**「應該要溫柔對待比自己弱的人」**的概念吧，他從各種面向協助並守護小步。小步的母親非常感謝兒子，就連小步做復健休學期間，母女倆也來參加兒子的生日派對。之後在小步寫的自傳中也提到對兒子當時的感謝，至今兒子跟成為兩個孩子媽媽的小步也保持聯絡。

另外，有天我的熟人說了個對黑人有偏見的笑話，長子就非常激動地批評他無知，甚至非常氣我為什麼要跟那種人來往。

就連高中棒球賽也是一樣，我無法純粹地享受觀賞國際運動競賽的樂趣。因爲我經常只幫經濟明顯處於劣勢、氣候跟設施等條件惡劣、傳統上比較弱的隊伍加油。

在孩子們還小的時候，某個足球國際大賽舉行時，赫然發現孩子全體都支持完全不熟悉的非洲小國隊伍。我對此非常吃驚，**原來母親的影響這麼大**。

如果父母對社會弱勢沒有同情心，孩子也會深受影響，且要花很多時間才會發現那是錯誤觀念，也有可能會不斷犯錯、傷害他人。學校霸凌問題的新聞不曾間斷，在家裡父母應該要教導孩子關心、同情比自己弱小的存在。

問卷調查結果

★從重視動物生命的父母身上學習到溫柔為何物

我父母非常喜歡寵物，**經常跟我一起照顧金魚跟鸚哥**。他們非常討厭粗暴地對待生物的生命，即使是蚊子或蟑螂也不會殺，而是抓起來放到外頭。他們在我小的時候也經常閱讀《蜘蛛之絲》等教育小動物生命重要性的繪本給我聽，教導我強勢人類不可以傲慢，應該保護弱勢動物的道理。

（慶應義塾大學K同學）

★飼養寵物加深了我關懷的心

受到喜愛動物的祖父母跟父親的影響，我從幼年時期就在被寵物圍繞的環境下長大。因為從寵物出生到死亡之前都一直照顧牠，**因此培養了我重視生命的概念，不只是人類，對所有生物都有顆關懷的心跟責任感**。

（慶應義塾大學M同學）

透過動物讓孩子認識「溫柔的心」

——動物帶給孩子豐富的情感

我們家**孩子之所以能夠同情他人的痛楚，以閱讀關於動物生命的圖書貢獻最大**。

因為書櫃空間有限，新買的書沒有地方放，因此我會定期把書櫃上的書處理掉。就連重要的百科全集或愛書，我都對自己說：「我不是學者，沒必要把書一直放在身邊。」強忍著眼淚斷捨離。

對這樣的我，女兒拜託我「只有這本不要丟掉」的書是《可憐的象》。

女兒把這本書翻到快掉頁，不斷反覆閱讀。這本書是在說戰爭期間上野動物園發生的故事，如果動物園遭到空襲，逃出柵欄外的猛獸會對人類有危害，因此下達了處分動物的命令。獅子跟熊吃了有毒的飼料後死亡，但雜耍的三頭大象把有毒的誘餌吐了出來，沒有吃掉。

飼養員不得已，只好採取不給飼料、讓牠們餓死的方式，然而肚子餓的雜耍大象卻拚了命表演，想討好飼養員，表達他們想要飼料的意思。最後，雜耍的大象們逐一死去。

《龍龍與忠狗》這本書女兒也讀了好多次，這是失去雙親的貧窮少年龍龍的故事。龍龍收留了一隻被人類使喚到瀕死的老狗阿忠，唯一最好的朋友愛露娃，因爲父親跟村民誤解而禁止雙方見面、玩耍。後來照顧龍龍的祖父也過世，龍龍失去了依靠、無處可去，最後失去了性命。當周遭解開對龍龍的誤會後已經來不及了。

這本書牽涉了人跟狗的關係、失去雙親、什麼是貧窮，與對名畫的憧憬等許多**打動孩子內心的話題**。

在某個時期，女兒說她「再也無法閱讀」那些當時一邊流著眼淚，一邊閱讀的書。女兒的內心似乎成長了，觸碰到雜耍大象跟龍龍他們內心的傷痛，她就會很難過。家人中她的書最多，書櫃擺放的書更換最頻繁，但唯獨那些書，她到現在也還是很珍惜地收藏著。

沒有什麼方式比閱讀符合年齡的好書，還要可以培養溫柔跟同情他人痛苦的心。在孩子心靈純粹的時期，請讓孩子透過故事來思考戰爭的悲劇、窮人的不幸、不輸給逆境的人生態度、人跟動物的關係、抱持夢想等事物。

藉由照顧寵物，培養對「生命的責任感」

因爲提到了動物的故事，這邊想再多加說明一點，我認爲**在培養孩子關懷他人跟同情心上，飼養寵物很有幫助**。

我們家飼養過各式各樣的寵物。我光是照顧人就已經忙不過來了，因此，**要不要飼養、該飼養什麼寵物，都是孩子們自己做決定**。因爲我非常不擅長與動物相處，因此孩子很清楚，飼養寵物是絕對得不到我的幫助。

從熱帶魚、鍬形蟲、鸚哥、小雞、松鼠、烏龜、美洲鬣蜥到狗，每個人在上學之前都不辭辛勞地照料寵物、帶牠們出去散步等，一大早就吵吵鬧鬧很忙碌，但他們似乎都很樂在其中。

一天的早晨從照顧寵物開始，規律的生活讓孩子們從早上開始就「動力」全開，不但每天都很有精神的上學，下課之後也會帶朋友來家裡玩，炫耀自己的寵物，加深了對動物的愛。飼養寵物好處眞的多多。

然而，只要飼養寵物，跟寵物分離的那天就一定會到來。當寵物死亡時，孩子們實在太過悲痛，因此我不但沒有安慰，反而只是冷酷無情地斥責：「所以我不是說不要養寵物嗎？」但**我想他們學到的東西應該不少**。孩子們即使覺得傷心，又陸陸續續帶動物回家飼養，最後他們用自己的雙手謹愼地埋葬死去的寵物。

無法建立良好人際關係的孤獨青少年，在犯下社會案件之前，都有虐待小動物的前兆。從幼年時期愛護動物，跟寵物好好道別的經驗，不僅可以培養孩子溫柔的心、建立良好人際關係，也是非常珍貴的經驗。

超越意見、價值觀、思考方式、事實認知的不同，建立信賴關係的能力

在眾多頭腦聰明，高學歷的優秀人才當中，最能夠拉出差距的就是溝通能力。

優秀人才的記憶力跟思考速度，彼此差異並不明顯。

但是，「理解對方心情的能力」「能夠統合不同意見的能力」「不強押價值觀於他人的柔軟態度」「感謝對方的習慣」跟「同情社會的弱勢」等，這些真正的溝通能力受到幼年時期家庭教育很大的影響。

本章所討論的溝通能力並不是指善於表達、說話風趣，而是尊重對方的心情跟思考方式，理解弱者的痛苦，跨越不同的認知跟價值觀，建立深厚信賴關係的能力。

那麼，接下來就讓我們來回顧本章學習到的重點，培養孩子真正的溝通能力時必須注意的地方：

★讓孩子習慣溝通

1. 讓孩子參加「社交場合」

你是否有提供孩子跟父母以外的大人自然對話的機會呢？從幼年時期習慣跟他人溝通的場面，能培育孩子與他人的溝通能力。

2. 養成「寫作的習慣」

你是否有讓孩子養成寫作的習慣呢？特別是簡潔地摘要文章的能力，對念書跟工作產出的發展影響甚大。

3. 讓孩子從小就習慣外語

你是否將孩子的語言學習全部都交給學校的課程呢？跟父母的時代相比，現在已經變成是外語能力的優劣大幅左右工作選項多寡的時代。

4. 成為孩子「什麼都可以說的對象」

孩子什麼事都會跟你說嗎？平時跟孩子最親近的就是父母，因此親子之間是否有建立「什麼話都可以說」的關係，會大大地影響孩子溝通能力的發展。

★讓孩子理解不同的觀點、價值觀跟情感

5. 積極地跟孩子討論各種議題

你是否會積極地跟孩子討論各種議題呢？面對不同意見時能夠冷靜處理的能力、接受不同的觀點跟價值觀、有建設性地統合意見的能力，是決定未來領導能力的關鍵要素。

6. 不要將父母的「價值觀」強押於孩子身上

你是否會強押價值觀於孩子身上呢？強迫孩子接受父母的價值觀，孩子也會變成強迫他人接受自己價值觀、溝通能力狹隘的人。

7. 不要感情用事，把理由說清楚再斥責孩子

你是否會情緒化地斥責孩子呢？父母的生氣方式，對孩子的情緒處理能力有很大的影響。在責罵時不是情緒化地大發雷霆，而是必須確實傳達責罵的理由，引導孩子發自內心主動察覺到過錯。

★讓孩子養成相互理解的習慣

8. 教導孩子感謝的重要性

你是否有讓孩子養成不論是多麼小的事也都會感謝的習慣呢?傳達感謝的心情,是跟他人建立信賴關係時最重要的溝通能力。

9. 養成站在對方立場思考的習慣

你是否有讓孩子養成站在對方立場思考的習慣呢?特別是能否從弱勢者角度來感受、思考,是決定能否為他人著想、理解彼此的關鍵。

10. 透過動物培養孩子關懷的心

讓孩子理解尊重動物生命的重要性,跟培養孩子關懷弱勢有關。飼養寵物、陪伴到生命終點的經驗,會培育出孩子對所有動物的深厚愛情跟關懷。

第五章

讓孩子自動自發地念書——

比起放任或強迫，「創造動機」更重要

不論是給孩子「自由」，還是「強迫」孩子，孩子絕對不會主動念書
——動機、習慣跟環境的重要性

「武貴你給我差不多一點，好好念書！」

「不要，絕對不要！」

「廢話少說，好好念書！」

以上是以前我們家每天毫無意義的爭吵，然而只要閱讀本章，你應該就可以理解，**為何這種「想要強迫孩子念書的父母」會徹底以失敗告終。**

另一方面，自由放任念書的教育方針並不是對所有的孩子都有效。在本次問卷當中，最多的回答是：比起強迫孩子念書，讓孩子自己作主比較好，**但「普通孩子的父母」萬萬**

不可囫圇吞棗地接受這樣的說法。孩子之所以會想主動念書，是因爲他們屬於求知欲旺盛類型，讓他們自由作主也沒關係。

而我就是屬於普通孩子的那類型，我的個性放浪不羈，讓我自己作主是絕對不會念書的，但反過來強迫我，我也無動於衷。讓孩子念書最重要的是，**有技巧地給予刺激、引起動機**，這不只可以適用於孩子身上，這跟促使人主動的基本是相同的道理。

讓孩子念書的問卷調查回答，可分類爲以下十點：

養成「習慣」

1. 不強迫孩子學習
2. 幼年時期養成「學習習慣」
3. 用有趣的方式發揮孩子的思考能力

給予「學習的動機」

4. 讓孩子了解學習的「好處」

5. 學習環境決定了孩子未來的大半
6. 培養孩子念書的「競爭意識」
7. 可否給予孩子「獎賞」呢？
8. 重視結果 VS. 重視過程
9. 應該先讓孩子上大學嗎？
10. 不要用「唯有讀書高」的觀念來教育孩子

培養「念書的觀念」

問卷調查中，大家都異口同聲地提到，由上往下的強迫學習沒有效果。但問到，**那麼該如何提高孩子念書的動力呢？回答無一不是教導孩子學習的樂趣。**

我向聰穎的人們詢問幼年時期的學習經驗，發現有很多例子是，熱中於樂高，或是經常跟父親一起下圍棋、將棋等經驗，讓他們體驗了動腦的樂趣。

從東大醫學系畢業，進入外商金融機構擔任投資顧問，活躍於業界的天才友人說，他在幼年時期熱中相撲，默記每回的比賽場所、相撲力士位階表跟決勝的招式名稱，成了他強化記憶力的最佳訓練。在追求喜歡事物的過程中，經常會連帶地增長知識能力。

另外，這些家庭的孩子大多是好奇寶寶，經常問「爲什麼」，而他們的父母也**協助幼小的心靈，體驗「解開疑惑的豁然開朗感」跟理解事物的喜悅感**。

我的恩師曾說：「對教育者而言，最重要的工作是教給孩子『學習的樂趣』。」在此想把這句話贈送給各位父母。

依據不同類型的孩子，念書的動力泉源也不同。仔細想想，我的父母在半途放棄強迫我念書，改用好幾種方式引導我自動自發念書。

雖然不是值得炫耀、大聲說的事，其中最有效的方法是，**在小學補習班拿到第一名就可以獲得一萬元獎金的激勵制度**。這個激勵法讓我突然充滿念書的動力，因爲當時的我用自己的零用錢飼養熱帶魚，但非常想要有個大魚缸來養大型熱帶魚。

用現金當誘因可能讓人覺得很現實，但「用獎賞釣孩子上鉤」的例子卻出乎意外的多。我在香港當律師的朋友從小就很討厭念書，但因爲很喜歡動物，跟父母說「想要養寵物」時，父母說「模擬測驗拿到好成績，就可以養倉鼠」「拿到第一名就養兔子」「考試合格就買博美犬給你」，他也被釣上鉤，非常努力念書。那眞是非常可愛的獎賞，不是嗎？

很遺憾的，我則是被錢釣上鉤。但是，動力的泉源並不只是因爲錢，最大的原因還是多虧了母親的努力。

母親爲了讓我能夠進入志願的學校就讀，實在是太誠心誠意地努力了，讓我覺得應該要回報她，努力念書。

有天深夜兩點突然醒來時，發現寢室旁邊有燈光亮著，我心想這麼晚了是在做什麼，跑去一看，**母親正坐在桌前拚命地解著我志願學校的入學考試題目**。

我永遠忘不了那情景，那個時候，「母親爲了我竟然這麼努力」深深感動了我。我搞不清楚那樣的心情到底是感謝還是愧疚，在那之後在我內心發誓，一定要剪掉藏在抽屜裡不斷添購的家用遊戲卡帶，好好念書（雖然最後沒有剪掉）。果然，**準備考試時，在身旁一起努力的父母，是孩子最主要的動力來源。**

另外，回顧我自身的經驗，覺得有點遺憾的是，我完全沒有「為什麼必須要念書」「為什麼應該要念書比較好」等問題的解答，就埋頭苦讀，因此對於念書的「理解」不足，無法主動湧現念書的動力。

讓孩子主動念書跟讓公司員工自己行動的共通重點，**追根究柢就是要讓他們理解「為什麼必須這樣做」**。

幸運的是，進入升學學校之後，父母已經完全不會對念書多說些什麼。而且，周遭的同學都很認真念書，因此我也自然而然地養成了念書的習慣。**這種「周圍的人也在努力」的環境因素，對於讓孩子自動自發念書的行為，具有決定性的影響力**。

此外，督促孩子念書時，絕對不可以讓孩子染上「唯有讀書高的價值觀」。否則孩子的價值觀會變得狹隘，只會用學校名聲跟班上的成績排名來判斷一個人的價值，長大之後會變成視野極為狹窄的人。

在第 2 章開頭出現的大型投資公司分社長友人說道：**「念書最重要的是，它讓我找到自己擅長的領域，透過這個領域對社會有所貢獻，體會被周遭的人感謝、認可的喜悅。」**

教孩子「念書」，絕對不光是提升考試成績而已。

那麼，接下來就跟著南瓜夫人，一起討論讓孩子自動自發念書的非強迫式方法吧。

一 養成「習慣」

1 不強迫孩子學習

——勉強孩子，反而使孩子不主動學習

問卷調查結果

★不要強迫孩子，應該讓孩子自己產生興趣

我父母從未強迫我學習。因為他們認為，**只有當孩子真的有興趣，才會努力去做某些事、發揮潛能。**

具體而言，父母不應要求孩子針對某件事努力，而是要引導孩子自然地對那件事產生興趣。

（東京大學工學系研究所F同學）

✶不強迫孩子學習，而是「給予機會」

我父母的家庭教育方針不會強迫孩子去做些什麼，他們對孩子的干預僅止於提供成長的機會。舉個淺顯易懂的例子，例如我父母從不要求我好好念書，**但當我說想要再多學習時，他們就會提供我上補習班的機會。**

（東京大學工學系研究所M同學）

✶只是讓孩子成功通過考試沒有意義

我父母一貫的教育方針是「讓孩子自主學習」。硬是勉強孩子學習，牛牽到北京也還是牛。

我的父母曾說，**沒有好好理解、只會拚命念書的人，即使有毅力地通過大學考試，在那之後就會像失去彈性的橡皮筋一樣彈性疲乏。**另外，當我偏離了軌道時，他們也會適時地引導我回到原點。

（東京大學工學系研究所I同學）

★父母把教育當作是送給我的「禮物」

我的父母認為教育是投資我未來的「禮物」。例如，我的父母從未叫我好好念書，但當我說想要出國留學，或想要繼續升學念碩士時，**他們都當作投資我的未來，支持我的想法。**

（東京大學經濟系研究所H同學）

非強迫式的，「以身為教」教導孩子
——父母自己要有學習的習慣

詢問時常感嘆自己國高中生的孩子「都不用功」的父母，**都可以發現很多人在孩子念小學時都沒有下任何工夫。**這樣的父母大多沒有意識到，自己的行動對孩子的未來具有重要意義。

每位育兒中的父母都很忙碌。但是，越是感嘆自己的小孩不好好用功念書的父母，他們越是黏在電視機前面，或是時常赴約外出。也就是說，父母的生活並未以「孩子的教育」爲最優先。相對的，以「創造孩子想要念書的環境」爲最優先考量，以此爲原則分配自己時間的父母，他們的孩子會跟前者拉開差距。

問卷調查當中，有的父母把孩子的教育當作是送給孩子的「禮物」。**教育並非強押式的東西，而是對孩子未來而言重要的禮物**。仔細想想，眞是如此。

我的周遭有很多父母持續地用「好好用功念書」這句話強迫孩子念書，最後又加上了「拜託你好好念書」或是「算我拜託你，好好用功好不好」等話語。當那樣拜託孩子時，「教育是父母送給孩子的禮物」的想法就消失了。然後，會使討厭念書的孩子**誤以為「為了父母，被迫念書」**。

想讓孩子主動念書，最重要的不是用各種方式強迫孩子，而是提供孩子自然會想要念書的環境。那絕對不是給孩子一間美輪美奐的書房，或是砸下大筆教育費。

首先，父母最低限度應該要做到的是，提供孩子安靜的念書環境。當孩子想要念書時，父母絕對不可以把電視開得很大聲。夫妻經常吵架的家庭，也不會是引導孩子想念書的環境。

另外，當孩子很迷惘，不知道該從何下手時，應該教孩子該怎麼做。爲此，父母自己至少要掌握孩子現在正在學習什麼。

對孩子而言，最佳念書環境是最親近自己父母擁有的「學習習慣」。

我那些在大學教書的朋友，或是才智品格均優、強調「自由放任」重要性的人們，他們都有個共通點。那就是，他們雖然不會要求孩子念書，**但會讓孩子看見自己經常閱讀、學習的身影**。由此可見，父母對孩子的影響力果然很大。

父母不做任何努力，把教育孩子的責任丟給補習班或家教老師，只用嘴巴強迫孩子念書，是不會有任何效果的。想要讓孩子自然而然養成學習的習慣，父母自己平時應該以身作則，做榜樣給孩子看才是。

2 在幼年時期培養孩子的「學習習慣」

——幼時的學習習慣一輩子適用

問卷調查結果

★從小就培養「學習習慣」

我的母親硬是讓我養成了學習的習慣。**從幼年時期開始，每天都讓我規律地玩學習成分很高的遊戲**。長大之後，母親什麼都不用說，我就會自主地念書。

（東京大學I同學）

★上國中之前很嚴格，但之後就放任我自主學習

多虧了父母在我小的時候嚴格地要求我學習，讓我養成了學習的習慣。我認為，在上國中之前應該嚴格教導孩子，在那之後就放手讓孩子自己去做想做的事。因為**父母太嚴格會使得家庭關係緊張，孩子也不會成為獨當一面的大人，不是嗎？**

（一橋大學商學系B同學）

在孩子上國中之前養成學習的習慣與自信心

——下點工夫讓孩子快樂學習

沒想到問卷調查中回答自由放任的養育方式占最多數，但「**最初是由父母讓我養成了學習的習慣**」的回答也不少，讓我鬆了一口氣。

大多數的父母也跟我一樣從中獲得到勇氣了吧。也就是說，這些菁英大學生並不是每個人都是天生愛念書的天才或秀才。

幼年時期的學習習慣，會影響孩子一輩子。每個人最能發揮自己能力的時期不同，即使過了這個時期，也有人無論如何也能捲土重來；然而，**再怎麼討厭念書的孩子，在幼年時期也比其他時間點都還要容易養成學習習慣**。就我的經驗，小學時代孩子努力的經驗，無關考試的成功與否，都有可能成爲未來的潛在能力跟基礎。

幼年時期養成的學習習慣，或是「只要努力就可以做得到」的自信可以用一輩子。

我兩個討厭念書的兒子，他們的個性跟思考方式都相當不同。但兩個人都提到了相同的事。那就是，**國中入學考試時，親子一同努力的體驗／經驗，成為往後關鍵時刻的力量**。而那個時候的成功經驗，讓孩子建立自信：只要努力就可以做得到。

對於努力讓孩子念書、忙得焦頭爛額的父母而言，沒有什麼是比聽到孩子這樣說還要棒的回報了。

那麼，爲了讓孩子養成學習的習慣，父母應該要注意些什麼呢？

就跟早上起床要刷牙一樣，把孩子的學習時間納入家庭自然的規律生活當中。我兒子小學時，怎麼唸他們都不會自己主動念書，因此我決定跟他們一起念書。

我們訂好在晚餐前一個小時一起念書的規則，那段時間不管有什麼事都是母子一起念書的時間。在國中入學考試前半年，額外增加了早餐前一個小時的念書習慣。

另外，**不要讓念書變成「痛苦的時間」也很重要**。

無論是社會科還是自然科，孩子的學習科目，對我而言就是三十年前念過的東西。到了國中考試的算術，全部都是我沒看過的題目。但如果我在兒子的面前很痛苦地用龜速解題，一點說服力都沒有。

在跟孩子一起念書之前，我會利用忙碌家事之間的空檔預習，在兒子的面前不會只用嘴巴說「這是很簡單的問題喔」，**而是以如同拼拼圖一般，易如反掌地解開謎題，而且連同解題方式也一併教給孩子**。兒子把那當作是遊戲的延伸，很乾脆地就接受了一起念書的時間，母子共學的習慣養成並沒有花太多時間。

然後，將念書的目標設得比可以達到的內容還要高一點，累積小小的成功體驗能夠幫助養成學習習慣。即便孩子開始念書的時間點稍微晚了點，但**只要有成功的經驗，孩子就會像是覺醒的獅子一樣，朝向目標自主採取行動，發揮非凡的專注力**。

如果在進入國中之前養成這樣的學習習慣，在那之後就算放任不管，這個學習習慣應該會引導孩子不斷往前邁進。

問卷調查結果

✶問了我很多邏輯思考的問題

我很感謝父親的地方在於，他教會了我有邏輯地思考。父親總是不斷地問我問題，像是：「為什麼眼睛可以看得到東西？」**多虧了父親在我小時候不斷丟問題給我，把我養育成有強烈好奇心的人。**我認為，詢問孩子「為什麼」，引導出孩子興趣的教育很重要。

（慶應義塾大學理工學系研究所K同學）

✶用問題回答問題／用問題反思問題，讓我深入思考

我的父母經常問我問題，或者是用問題回覆我的提問，加強了我的思考能力。我認為，**提供問題、反過來問孩子問題，會使得孩子自己思考、延伸思考能力。**

（早稻田大學創新理工學系F同學）

父母不斷提問，養成孩子「思考的習慣」

——給予提示，但絕不告訴孩子答案

在問卷當中看到好幾位學生回答道，父母不斷向孩子詢問「爲什麼」，對於養成孩子思考的習慣非常有效果。

談到在孩子幼年時期不斷詢問「爲什麼」的教育方式，讓我想起之前向某位友人請教的育兒方法。她在日本出生，受日本教育，但在美國育兒。她的先生約翰（假名）是世界著名的酵母遺傳學科學家，她相當佩服她先生跟孩子相處的方式。

他跟孩子絕對**不會用疊字說話，從小就把孩子當作獨立的個體，總是對等地跟他們相處**。

約翰不論是學校的學習科目，或是其他以外的學習，都非常細心地指導孩子。他的指導方式，就我們這些受普通日本教育的人看起來是相當獨特的。

首先，他向孩子提出自己思考過的問題，讓他們對於事物感到好奇。然後給予孩子解開問題的提示，因爲想讓孩子們體驗到解決問題過程的樂趣，跟解開謎團之後的喜悅，因

此絕對不會告訴他們答案。

約翰設計了一個讓孩子思考的遊戲，這個遊戲名叫「is to（之於）」。雖然有點長，以下介紹給各位。

〈幼兒時期的提問〉

問題：夏天之於雨，等於冬天之於什麼（Summer is to rain as winter is to）？

答案：雪（snow）。

問題：太陽之於地球，等於地球之於什麼（Sun is to earth as earth is to）？

答案：月亮（moon）。

〈小學低年級時期的提問〉

問題：線之於正方形，等於正方形之於什麼（Line is to square as square is to）？

答案：立體（cube）。

問題：國會之於總統，等於議會之於什麼（Congress is to President as Parliament is to）？

答案：首相（Prime Minister）。

孩子們都很喜歡玩這個遊戲，自己拚命尋找答案。孩子們長大之後，都成爲想像力豐富、有創意而且有個性的優秀孩子，效果簡直讓母親吃驚。

在日本學的東西都忘記了，為什麼在美國學的東西卻不會忘記呢？

一旦養成獨立思考的習慣，學到的東西就變得不會那麼簡單就忘記。剛才提到的科學家夫人朋友，她自己也是位科學家，在日本的時候成績頂尖，從京大研究所畢業之後到美國留學，現在是美國歷史最悠久的醫學研究機構研究人員。

她說：「我在日本學的東西都是爲了考試，很多都忘記了，**但在美國，可能不像日本的填鴨式學習吧，學到的東西都記得很清楚。**」

這樣的說法經常可以聽到，不讓孩子思考，只強調背誦的「教育」不是「眞正的教育」。

另一位教育出優秀孩子的友人也提到，在孩子小的時候就教他「地球是圓的，浮在宇宙中，一直走的話就會回到原點」，或者是問孩子沒有解答的問題「神跟佛誰比較偉大？」

孩子因為各種有趣的問題而充滿好奇心，那教會了他們自己思考的樂趣。

以上的例子，讓我深刻理解到，父母能夠提出多少值得思考的問題，對於孩子的思考習慣會有很大的影響。

問卷調查結果

✶父母讓我知道了學歷社會的「現實」面

強迫孩子學習只會造成反效果，因此讓孩子理解「為什麼要念書、考大學比較好」相當重要。如果本人覺得沒有必要，最後應該也無法承認準備考試的長時間壓力吧。無論再怎麼管理，孩子都有辦法躲避父母的監視偷懶。**不如讓孩子知道社會的殘酷現實面，應該也可以強調高學歷的好處**。

（慶應義塾大學經濟學系N同學）

✶父母讓我知道念書對人生會有怎樣的影響

從小母親就教我用功念書會決定我未來工作的薪水，**很會念書是有多麼有趣的事，能夠使自己的人生變得充實有意義**。這讓我覺得，念書是過好日子不可或缺的條件。

（東京大學跨學科資訊學系M同學）

✶孩子沒有興趣，父母再怎麼著急也沒用

孩子如果沒有興趣，父母再怎麼著急也不會有任何結果。我的父母為了讓我主動念書，在**告訴我好好念書未來會有比較多的就業機會**的同時，也提供我適合念書的環境等，提升了我念書的動力。

（東京大學教育學系－同學）

★不想重蹈父母覆轍的想法，激勵我用功念書

我很感謝我父母的地方在於，他們在日常對話當中很坦然地談到自己過去的失敗，或是當時應該這麼做等感想。

社會上大多數的父母都愛面子，都避開失敗經驗，只論自己的成功美談。但是，我的父母會跟我說，「高中時如果好好學英文，現在應該會更快樂吧，或者是去旅行時該會更有樂趣吧」等後悔的心情。

他們跟我說的這些話，讓我變得更想要學習英語，更想要了解社會運作的結構。

我不想要跟父母有相同的後悔，我想要讓父母看到跨越那些困難！我現在抱持著這樣的想法，努力用功念書。

對我而言，如此普通的家庭對話，卻提升了我學習的動力。

現在，我一邊想像長大後的自己，一邊持續學習，**邁向實現理想自我的路上樂趣無窮**。

（某高中一年級－同學）

提高孩子念書的意願

——不知道「念書意義」的孩子無法努力

勉強孩子念書只會換來孩子的反彈，但教導孩子念書的意義也相當費工夫。即便如此，**讓孩子在小時候自己找到念書的必要性跟好處，對未來主動學習會有很大的幫助**。

要讓孩子自己察覺到「念書的意義」是件困難事。我們家也一樣，我苦口婆心地教他們一分耕耘一分收穫的道理，但一不管他們的話，孩子們都毫無疑問地選擇玩耍。

如果向孩子說明清楚爲什麼一定要念書，等到他們自己主動用功念書，恐怕考試都結束了吧。

關於這件事，我有個哭笑不得的失敗經驗。

長子上小學時，「給我好好念書！」「我不要，我不想念書！」這樣的對話是每天的例行公事。

對並非孜孜不倦、認眞念書類型的兒子而言，進入遊樂越來越多的國中後，**我認為孩**

子自己覺醒念書實在不可能，而我根本沒有料想到，國中入學考試竟然成為了決定兒子人生的分水嶺。

我們大人應該看過很多明明「很有能力，卻因爲沒有好學歷而飽嘗辛酸」的例子。粗心的我，卻以爲兒子應該也能理解那樣的事。仔細想想，兒子當時也才剛升上小學五年級，我卻把學歷社會的不合理之處等，這些父母沒有說明、孩子根本不會理解的事當作是理所當然，沒有好好說明。

長子在升上國中之後某天，一邊苦笑一邊跟我說：「我小學的時候眞心認爲念書都是爲了媽媽，是逼不得已的。我以爲媽媽想要跟鄰居、親戚炫耀，所以才一直要求我念書。」長子的告白讓我深刻地反省，**有些事對大人而言可能是理所當然的，但沒有向孩子說明，孩子是不會理解的**。如此重要的事，我卻沒有好好說明，就要求孩子去準備讓人煩悶的入學考試，眞的很對不起他。

在學生回答的問卷中，有不少人回答道，**父母跟孩子說明了學歷社會的實際情況，那**

成為他們努力的動力。也有的例子是看到父母因爲學歷而吃了苦頭，因此發憤圖強念書。以建築作爲例子，先看過全體建築設計，明白工程有多浩大，才能著手基礎工程。

即使孩子未來想要做的事乍看之下似乎跟學業無關，也應該教他們社會的現實面，有很多例子都因爲學歷太差而備受阻撓。**為了不要在找到目標的時候，因為學歷而使得選擇變少，好好用功念書是很重要的**。

而且，即使有小偷闖進家門、家裡發生火災被燒光，學問跟教養是誰都搶不走的東西，一輩子都能有所幫助，而有的時候也會是鼓舞、療癒自己的力量。在跟孩子說明的當下，他們可能無法理解。但那些道理即是現在不懂，也有可能在某個時刻意外地想起來而發揮功效。

你是否跟我一樣誤以爲「孩子應該多少也理解念書的意義」呢?**學歷絕對不是一切，但應該在孩子開始準備入學考試之前，讓他知道學歷社會的現實面**。如果孩子可以理解「爲什麼應該好好用功念書」的道理，念書的專心程度會截然不同。

問卷調查結果

★身處「進入一流學府是理所當然」的環境

人容易受到環境的影響。父母從幼年時期就投入不少教育費，讓我**進入國高中一貫的升學學校，而那對我影響很大**。

我的高中充滿著進入東大、京大是理所當然的氣氛。如果沒有那樣的環境，我應該不會想考東大或京大吧。

（京都大學研究所T同學）

★為了追上身邊的朋友，很努力用功念書

我認為「提供良好的成長環境，但不強迫孩子努力念書」的教育方針，塑造了現在的我。我父母的想法是，**如果孩子身邊充滿著優秀且努力的人，應該也會受到影響努力用功吧**。

我父母雖然送我去國高中一貫的升學學校，但即便我的成績不好，也不曾對我說過「再多用功點」的話。但是，朋友跟自己不同，都很優秀，我為了追上他們，變得非常自動自發努力念書。

（東京大學新領域創新科學研究所I同學）

★我父母費盡一切努力，提供良好的成長環境給我

我父母為了提供孩子良好的學習環境，不惜一切投資我。他們會這麼做，是因為過去有相同的經驗，使得他們認為，**在良好的環境之下，與人的相遇、自豪感跟有意義的時光是用錢買不到的東西**，那樣的信念跟自信成了他們教育方針的根源。

（京都大學經濟學系K同學）

創造可以受到周遭「好影響」的環境

——國中之後朋友的影響力最大

俗話說：「近朱者赤，近墨者黑，物以類聚。」從問卷調查結果可以看得出來，很多提倡自由放任教育的家庭，都以讓孩子置身於良好的學習環境爲前提，然後給予孩子自由。

我也在孩子升上國中之後，開始轉換爲「提供良好環境，但不強迫孩子」的教育方針。**強迫不想念書的國中生本來就很困難**，而且，都已經是國中生了，父母還一直碎碎唸，要孩子「好好念書」也太悲慘。

正因爲如此，**當孩子上國中時，我就想把孩子「扔進」能被學校的體系、老師跟同學拉著走，再怎麼討厭念書也會產生用功念頭的環境**。我身邊有很多父母也有相同的想法。

有句諺語說：「寧爲雞首，不爲牛後（寧可居小者之首，也不願作大者之後）。」但當孩子上國高中時與此相反也可以，我想把孩子送進大部分的人都比孩子還要優秀的環境。

我當時判斷，**比在小山丘上當大王，即便是吊車尾進入升學學校，也可以學到更多東西**。當然，過度競爭使孩子喪失自信的環境不在討論之內。但是，讓孩子怠慢不努力的環境，會妨礙孩子發展獨立自主的精神。

就結果而言，我家的孩子進入國中後，身邊圍繞著很清楚自己目的爲何、非常努力的同儕，處於適合用功念書的環境，效果相當大。因爲在這個時期，**朋友比父母或老師更具有影響力**。在多愁善感的青春期，在這樣環境學到的東西，絕對會跟屬於他們的活躍未來有直接關係。

同樣是放任，但也有不少父母認爲孩子「只要健康長大就好」，完全沒有引導孩子學習，或是沒有提供好的學習環境，只會出張嘴巴督促孩子念書。但是，我堅信**提供一個孩子能從周遭獲得良好刺激、得以成長的環境之後，再放任孩子自主學習是相當重要的**。

希望那些因爲國高中時代身處於無法怠慢的環境，即使討厭念書也不得不用功的人不要忘記：父母陪伴著你們，眞的是用心良苦。

6

培養孩子念書的「競爭意識」

——引導出孩子的「求勝心」

問卷調查結果

＊因為不服輸，所以得以努力

多虧了我父母**培養了我的競爭意識**，我才得以進入志願學校。只要有考試就會出現分數跟名次，我就會不想輸給任何人，這樣的想法使我自動自發地用功念書。

（慶應義塾大學理工學系研究所K同學）

＊不想輸給夥伴，自然而然努力念書

我其實並不特別喜歡念書，但自從要好的足球社團**朋友開始埋首苦讀，不想輸給他的心情也讓我跟著努力用功**。這樣的競爭意識，是我念書的原動力。

（東京大學經濟學系A同學）

在進入競爭社會前，先讓孩子習慣競爭

——舞台上不需要六位白雪公主

在某個時期，一部分的小學因爲某些考量，在運動會的競賽項目「不排列名次」。現在似乎也有學校在文化祭的話劇表演時，會盡可能安排多位孩子飾演主角，舞台上甚至出現了六位白雪公主。

這些現象都是因爲學校太過費心於「怎麼做才不會被家長抱怨」。但是，我認爲**孩子在進入嚴苛的競爭社會前，先教會他們競爭的方法，也是父母重要的工作**。

以我家的情況來說，我認爲不只是孩子，就連父母也燃起「競爭意識」，對培養孩子競爭心的效果更佳。我判斷長子跟女兒不同，用「自由放任」的方式不會有所成長，因此在小學四年級就送他進補習班。那個時候，那間有多年補教經驗的老師對我說：「小學生的能力半斤八兩，沒有太大差距，因此**國中入學考試，講白了就是父母的戰役**。母親努力是理所當然，而父親能給予多少協助也是關鍵。」

當我聽到母親的努力是「理所當然」的瞬間，我競爭心的火種就被點燃了。

我希望長子至少在補習班取得一次第一名。雖然當時我已經40歲，但**在兒子上學的時間我努力準備四個科目（國語、數學、理化跟社會）的考試範圍，深入淺出地講解給兒子聽**。兒子的玩心很盛，花在念書上的時間一定不夠，因此我費盡心思想辦法在有限時間內提升孩子的學習效率。

例如，假設算術考試範圍的練習題目有40題，利用工作、照顧體弱多病的婆婆跟親戚交際往來之間的空檔，我解開全部的題目，然後挑選出最具代表的20道題目跟兒子一起練習解題。兒子只要練習那20道題目，就等同理解了40道題目。

跟一次要盯40多人的補習班老師比起來，**父母比較可以迅速掌握孩子不擅長跟不理解的地方，兩人三腳是非常有效的方法**。

雖然當時的我覺得，沒想到到了這把年紀還要做如此枝節細微的題目，但一切的努力是有回報的。

不久之後，兒子就擠進了補習班前幾名。在那之後，他自己也覺得念書變得有趣，萌生了自尊心，不想要成績退步而變得非常努力。**這可以說是從小小的成功體驗，培育出孩子「自信心」跟「對勝利的執著心」的例子**。

回想起來，補習班採取了一些方法促進孩子之間的競爭，也有不錯的效果。我比較了幾間補習班，選了一間小補習班，他們把有幾位學生進入頂尖學校視爲攸關補習班生死。老師的競爭心也很強，我把希望賭在那位老師強烈的競爭心上。

那間補習班不只按照成績分班，就連座位也是徹底地用成績名次來安排。那樣的方式在現在應該會被家長抗議，**但兒子說他為了能夠一直坐在最前排右邊「第一名」的位子，拚了命念書**。

後來，兒子考上了當時京都最難考的學校，他很坦率地承認當時親子兩人三腳一起努力的影響很大。

當孩子沒有競爭意識時，父母自己擁有競爭意識，教導孩子如何競爭，給予孩子在競爭當中勝利取得的自信，是相當重要的。當然，如果有人不用競爭，人生就可以一帆風順，則另當別論。

7 可否給孩子「獎賞」呢？

——也有的孩子只對眼前的利益有反應

問卷調查結果

＊金錢的誘因成為念書的動力

小學時，我們家採取考試滿分就可以獲得零用錢的制度，因此我都把努力念書當作是理所當然。喜歡學習，把主動用功念書當作是理所當然是理想的，但即使不是用金錢，利用好好讀書就可以獲得什麼的想法鼓勵孩子，也不失為一個好方法。

（慶應義塾大學環境資訊學系K同學）

＊父母會買喜歡的東西給我，所以我很努力念書

在國中畢業之前，只要我念書有獲得一定的成果，母親就會誇獎我，並且買很多我喜歡的東西給我。**我為了取得母親的誇獎跟喜歡的東西，都非常樂意地努力念書。**

（東京大學跨學科資訊學系M同學）

怎樣也提不起勁的孩子，就給他紅蘿蔔

——採取「獎賞制度」的家庭意外的多

我先生經常跟孩子說「念書的意義爲何」，但**孩子們都當作是遙遠的事，彷彿事不關己，聽聽就忘了**。

像這樣再怎麼努力向孩子說明理由，他們也無動於衷，想要引導從來不會主動思考「現在應該要來讀書」的孩子好好用功，到底該怎麼做呢？

雖然這不是値得大聲宣揚的事，但作爲第二好的對策，我們家採取了「用紅蘿蔔引誘」的計策。在本章的開頭，兒子就已經公開了我們家的「獎賞制度」，我也坦然承認，但我們家用小蝦米釣大魚的策略確實是成功的。

我很愛面子，覺得用這種旁門左道引誘孩子念書很丟臉，因此對任何人都保密。然而，我們家四個孩子在**他們分別上的升學學校中，也有不少同學的父母使用這個策略引誘他們念書**，讓我吃了一驚，不禁苦笑。

而且從問卷調查也可以看到，有很多學生都很希望獲得好成績時能被讚美。在孩子會主動念書的父母眼中，可能會覺得這是不入流的教育方法，但我並不在乎是否體面。

爲了讓孩子搭上受良好教育的列車（升學學校），如果孩子總是沒有意願主動搭乘，用盡各種手段也想讓孩子搭上去，這是天下父母心。因爲一旦搭上這班列車，那上頭有很多前往相同目的地的夥伴，駕駛員（老師們）也會用力使勁地拉著孩子往前進。

長子在準備國中升學考試時，非常想要一個大魚缸，讓他的昂貴熱帶魚自由自在地游來游去。父親利用兒子這個弱點，跟他訂下了獎賞制度的密約。而且還是只要考試拿到第一名，就可以獲得一萬日圓高額獎金制度，這實在讓我吃驚。除了前面提到的**母子兩人三腳之外，多虧了這個父子密約，讓兒子念書時的神情完全不同，非常拚命努力**。

這樣的獎賞制度不一定每次都會有效，而且也有到底要針對結果還是過程給予獎賞等爭論。只是，這樣的方法在我們家確實奏效了。

雖然這並不是值得讚揚的方法，**但也有再怎麼說明未來的事也無動於衷的孩子**。因此，我認爲這個方法比起什麼都不做、袖手旁觀還要好。

針對總是沒幹勁的孩子，尋找適合孩子個性的方法也很重要。而且在孩子年紀越小越好實行，例如小學時期，那個時候的成功經驗，對孩子而言會成爲重要的自信來源。

8 重視結果VS.重視過程

——結果跟過程都重要

問卷調查結果

✶依據成果「信賞必罰」的教育方針

我們家重視學歷，而且是成果導向。**只要成績好，父母就完全放任我，在家裡無論做什麼都會被默許**。相反的，如果成績不好，我就會被迫關在房間念書。雖然我因此進入名校，能夠取得高學歷，但我希望我的父母對於孩子未來出路的想像不要那麼狹隘。

（東京大學法律系W同學）

＊比起結果，更重視過程的父母

我的父母比起結果，更加重視過程。**當我朝向目標努力用功時，他們比誰都還支持、協助我。**即便高中時模擬考試的成績是全學年倒數，他們也從未要我「好好念書」。

（京都大學經營管理教育學系Ｉ同學）

＊希望父母也教我如何享受學習的「樂趣」

我的父親是企業經營者，因此，從小**只要是我想做的事，都要求我做出具體成果。**當我想加入少年棒球隊時，就要求我如果四年內沒有當上隊長就退隊；當我說想要學網球時，就對我說，如果沒有打進東京都大賽，就不要繼續學了。這樣的教育讓我變成了「結果主義」者。

然而，我誤以為成果就是一切，在高中社團活動時，我無法理解不像自己如此執著勝負的其他成員心情，而跟其他成員對立。**我希望父母在教我凡事要「有成果」的同時，也能教我享受「樂趣」的必要性。**

（一橋大學Ｕ同學）

雖然成果很重要，但也要評價努力的過程

──社會上不是只要有成果就可以行得通的

在各種情況，究竟應該要重視過程還是要重視成果，是個大問題，但**最糟糕是無論過程跟成果都是不好的情況**。

我的二女兒國中加入的社團是體育型社團，從早上的晨練到放學後的練習都非常繁重。只要一回到家，就倒在玄關前熟睡，或是在淋浴時睡著。不只是我，就連其他社團成員的家長也對這種影響學業、等同於沒有家庭生活的社團指導方式感到非常不滿。

如果因此在大賽當中取得好成果，那倒還好，但結果並不是。我們這些家長下定決心，直接拜託社團教練：「隊伍很弱也沒關係，希望之後可以稍微減少一點練習時間。」而那個時候教練回說：「無論有沒有成果，持續每天繁重的練習過程，本身有其運動的意義存在。」我們聽了啞口無言。

社會上確實存在著能夠使過程有意義且獲得成果的教育方法，因此我到現在也還是無

法認同這種讓結果跟過程都很糟糕的指導方式。

如果換作是學業呢？不在乎成果，只重視過程的教育是可能的嗎？沒有人念書是漫無目標的。跟良師相遇，突然領悟學習的樂趣，就當作是透過學習讓自己成長，**也應該一邊確認每個地方是否有獲得相應的成果，然後持續學習**。

另一方面，問卷調查當中看到「不只是成果，應該也要重視過程」「希望父母也教我享受學習過程的樂趣」等指正，我也非常可以理解。

我也曾經在某個時期無論是遊戲、玩耍、學校活動的競賽，如果沒有拿到第一名就會嚥不下那口氣，不懂不拚命努力之人的心情，使得人際關係不佳。**即使獲得再好的成果，但變成心胸狹窄的人，跟周遭的人處得不好，也稱不上是幸福**。應該讓孩子知道，社會上不是只要有成果就可以行得通的。

我認爲只要過程是好的，好的成果不久就會隨之而來。比起考試之前臨時抱佛腳考取好成績的人，即便有的時候考試成績不好，**但平時就孜孜不倦、勤奮念書的人最後可以獲得好成果**。

雖然我並不是說不要在乎成果，但我認爲誇獎孩子努力改善過程更重要。

9

應該先讓孩子上大學嗎？

——應該繼續升學跟並非如此的人之間的差異

問卷調查結果

✶對有的人而言，進入一流大學沒有意義

一般社會大眾都認為進入一流大學是最好的，但那並不一定跟孩子想做的事一致。當發生那樣的情況時，應該要跟孩子好好溝通、尊重他們的意見，不但比較可以發揮他們的專長，也對他們的未來比較有幫助。

（東京大學經濟學研究所H同學）

✶不是只有升學才是通往幸福的道路

就我看到親戚的升學狀況，跟透過母親聽到其他媽媽的經驗談和辛苦的故事，**我認為有一定數量的孩子，具備「無法上大學」的個性。**例如我有位親戚，他非常討厭念書，不顧父母的反對，不升學直接進入維修公司工作。非常喜歡玩機械的他，覺得這份工作非常有意義，而且利用工作數年存下來的錢，購買了自己有興趣的跑車等，很享受自己的人生。

每個人獲得成功人生的方法都很不同，升學不是唯一的方法。我難以認同一開始就以「讓孩子進入大學」為前提養育孩子的想法。

（東京大學研究所K同學）

平凡人應該要上大學比較好？

——在找到天職之前，拓展選項很重要

並不是每個人都適合上大學，但對我來說，**在還沒找到天職或目標的階段，進入大學拓展選項這件事情很重要**。當然，上大學不一定就是好的，但就有無能夠拓展自我的視野，給予自己刺激的學習環境的重要性自不待言。

讓二〇〇六年夏天的高中棒球甲子園熱血沸騰的田中將大選手跟手帕王子（齋藤佑樹選手），他們高中畢業後，田中將大進入職業棒球的世界，而手帕王子則進了大學，兩人成了鮮明的對比。

如果那時田中將大先進入大學的話，我們可能就無法看到他之後被野村教練誇讚「田中將大是神之子，不可思議的孩子」其活躍身影跟大快人心的表現。**這是很早就決定好目標、一心一意努力的方式奏效之例**。

另一方面，在大學棒球也很活躍的齋藤選手，在職業棒球的世界跟田中將大有很大的差距，但人生並不是到此就結束。

齋藤選手在大學學到的東西跟經驗，是田中將大無法體驗的，而田中將大進入職業棒球的世界後經驗過的事，應該也有不少是齋藤選手需要學習的。

年輕的齋藤選手在往後的人生，該如何超越棒球、活用他上大學的經驗呢？這可能性無法評估（當然，田中將大的可能性也同樣無法評估），只憑現階段的數字，就斷定他高中畢業後沒有直接加入職業棒球隊是失敗的話，有點言之過早。就長遠的人生來看，**在年輕時拓展選項，會成為未來重要的投資**。

如果已經找到天職的方向性，直接出社會反而比較可以往那條路精進，當然另當別論，但對於大部分還沒有那麼確定自己的強項跟未來目標的孩子而言，進入大學絕對是比較好的。

有很多人在大學學習，第一次體會到求知欲的滿足感跟獲得知識的喜悅，也拓展了長遠人生的各種選項跟視野。

更重要的是，**在這個多愁善感的青春期，有機會跟很多同世代的人交流、相互影響的意義甚大**。再加上，還是有很多業界有學歷門檻。

近年來，爲了因應少子化、價值觀的多樣性跟全球化，各個大學都費盡工夫，新設立了各種專業學系，今後學生可以選擇的選項也持續不斷增加。**觀看各式各樣的世界、拓展人脈，也可能會是找到未來想做事情的契機**。

雖然世界上也有比爾．蓋茲或史提夫．賈伯斯等天才，覺得上大學很浪費時間而選擇退學，但身爲平凡人的我認爲，讓還沒決定好目標的孩子背負不上大學的不利條件，風險相當高。

10 不要用唯有讀書高的觀念來教育孩子

——會念書沒什麼了不起

問卷調查結果

★只是會念書沒什麼了不起的

我的父母從未開口要求我念書，反而是重視人性與教養的教育。可能因為如此，我並不認為「會念書很了不起」。實際上，我到現在也認為，念書會得到好處的只有自己，如果只會念書而沒有產出，對其他人完全沒有什麼貢獻。

我認為對孩子說「會念書很了不起」「很會念書很棒」是不恰當的。因為**那有可能會讓孩子誤以為自己會念書很厲害**。用念書獲得的知識跟觀點實現個人欲望是個人的自由，不應被責難，但也不應該被誇讚。

（東京大學資訊理工學系研究所T同學）

★念書並非「不可不做」的事，而是「做到的話也很好」的事

我在高中畢業之前，父母從未干涉過我的學業。另外，我成績好的時候他們雖然會誇獎我，但不好的時候也從未生氣過。因此，我從不覺得念書是為了父母，而是認為全都是為了自己。因此，**我非常感謝我的父母教我，念書並非「不可不做」的事，而是「做到的話也很好」的事這個道理**。

（京都大學經濟學系F同學）

父母的話會影響孩子的價值觀

——太過誇讚念書成績，長大之後價值觀會偏差

即便父母只在家裡發表偏頗的言論，孩子在外頭會直接說出來，而且也會影響到孩子的價值觀，也會直接變成「孩子的價值觀」。

有一位和我交情不錯的小學校長經常說：「孩子的道德教育要跟父母一起實施，否則就沒有什麼用。」**孩子正在上小學的父母，如果是用排名評斷一個人價值的成績至上主義者，那孩子的價值觀也差不多是那樣子。**

說到這個，在我家四個小孩上的補習班當中，無論是哪個年級的班，都會有好幾對親子檔，覺得只要考取好成績，就宛如取得天下。不過是國中入學考試的成績，也不能保證一輩子都保持第一名，言行舉止卻瞧不起其他人，而且本人還完全不自覺。

社會上有非常多雖然沒有學歷、但努力工作奉獻社會的優秀人們，但也有許多高學歷、卻沒有對社會做出什麼像樣貢獻的人。

如果把從事藝術或運動以貢獻社會的人也算進去，沒有什麼比單純以補習班或學校考試成績跟他人做比較，就以爲自己所向無敵這件事情還要令人羞愧。

如果父母謙遜，而且擁有明智且靈活的價值觀，孩子應該不會變成傲慢無禮的人。然而，也有的孩子雖然成績好，但情感表達欠佳、缺乏社交能力，連打招呼都做不好。如果在成長過程當中遇到挫折，察覺到光憑好成績無法立足於社會的話那還好，但可悲的是，有許多大人一輩子都沒發覺到這件事。

眞正優秀的人，本身的品格就很優異。**言行舉止都為他人著想，謙虛態度自然流露**。與之相比，越是二流的人才，越是傲慢擺架子，即便專業領域的知識再怎麼豐富，終究只是個二流之輩。

一流的人才無須擺架子，雖然謙虛但氣質自然外露，逐漸贏得周遭的敬重。

俗話說：「越是有見識的人，越謙虛和低調。」**為養育出謙和的孩子，父母的價值觀跟道德觀相當重要。**

把提升考試成績當作是終極目標的教養方法，會把孩子教育成以出身學校的排名作爲唯一的自尊心來源而心胸狹窄的人，並且會創造出只會用考試成績或學校排名評斷他人、俗不可耐的大人。

第五章的重點

讓孩子萌生強烈的追求知識之心

在本章我們一起思考了如何讓孩子養成念書的習慣。不僅限於本次的問卷調查，真的也有非常多培育出優秀孩子的家長都提到「不強迫孩子念書」的重要性。

然而，仔細觀察實際的狀況，那也絕對不是什麼都不做，單純的放任不管。

我們得知，有很多家長努力嘗試各種方法刺激孩子，提高孩子的動力。另外，他們認為放任孩子獨立自主能夠產生功效的前提是，必須把孩子放置於優好的學習環境。

讓孩子想要念書的動力泉源很多，其中又以父母本身的學習習慣最為重要。因為父母不必多說什麼，孩子自己會模仿父母的行為。

本章討論了該如何讓孩子主動念書，而在那之前還有更重要的是，從如何「提升孩子基本的學力」應該可以獲得更多啟示。

這邊所說的「學力」，並不是指考試是否能取得好成績這種狹隘的概念，而是指擁有強烈的好奇心，能夠如海綿般吸收知識的學習習慣。為培育孩子作為未來在社會生存技能的學習習慣，父母又該注意些什麼呢？

以下，就來回顧本章討論過的內容重點。

✶養成「習慣」

1. 不強迫孩子學習

你是否會強迫孩子學習呢？由上而下強迫孩子學習只會造成反效果。教育最重要的是讓孩子理解學習的樂趣。

2. 在幼年時期培養孩子「學習習慣」

你是否有幫助孩子養成學習的習慣呢？幼年時期的學習最重要的是，能否養成學習習慣。比起長大之後，在孩童時期很明顯的比較容易養成學習習慣。

3. 用有趣的方式發揮孩子的思考能力

你是否有一邊刺激孩子的興趣，一邊發揮孩子的思考能力呢？用類似遊戲般有趣的方式，鍛鍊孩子基礎的思考能力吧。

✶給予「學習的動機」

4. 讓孩子了解學習的「好處」

你是否有讓孩子理解念書的意義呢？如果孩子不理解念書的意義為何，是不會主動坐在書桌前念書的。

5. 學習環境決定了孩子未來的大半

你是否有讓孩子置身於良好的學習環境呢？青春期的孩子受到同年齡層朋友的影響最大。讓孩子置身於良好的學習環境，讓他更積極追求成長吧。

6. 培養孩子念書的「競爭意識」

你是否有讓孩子具備未來進入競爭社會生存的能力呢？如果過度保護，是無法在現實社會的競爭中存活下來的。在進入嚴峻的競爭社會之前，先培養孩子的競爭意識與學習勝出的方法吧。

7. 可否給予孩子「獎賞」呢？

你是否會因為孩子不念書就放棄了呢？放任孩子也能夠獨立自主學習的，只有一部分的秀才而已。大多數的孩子如果不利用各種方式提高動力，是不會主動念書的。

★培養「念書的觀念」

8. 重視結果 VS. 重視過程

你是否只用孩子的考試成績來判斷學習的好壞呢？如果不同時重視結果跟過程，孩子的視野會變得狹小。而後，逐漸變得不努力改善過程，被結果蒙蔽雙眼。

9. 總之，應該要先讓孩子上大學嗎？

是否一定要孩子上大學不可呢？不是排名前面的學校就是好，父母應該要順應孩子將來的目標跟適性，協助孩子選擇符合他們未來夢想的選項。但是，當目標還不明確的時候，進入大學增加選項也很重要。

10. 不要用唯有讀書高的觀念來教育孩子

你是否只用成績來評價孩子呢？比起很會念書，如果不以多元的價值觀跟標準來教養孩子，孩子會變成只重視學校考試學習的人，無法培養出豐富型的人格。

第六章

讓孩子學習「念書以外的東西」——

比起考試學習，「家教」才是孩子一輩子的財產

幼時的家教跟父母的言行舉止，會大幅左右孩子的未來

前幾天剛好有機會跟三位哈佛大學的畢業生在家裡開烤肉派對，**讓我感到很佩服的是，她們的教養真的是好得不得了。**

想知道所謂的年輕菁英將來是否會成為一流人才，開個烤肉派對就可以掌握清楚，這麼說一點也不為過。一流的菁英會率先去採購烤肉要用的食材，自己動手烤五花肉、倒啤酒，而且機靈地買了豐富的點心跟伴手禮來訪。彼此禮讓座位，馬上把哭鬧不休的孩子帶離現場。從外面回到家裡時，當然連小地方也不隨便，鞋子排列得整整齊齊。禮儀教養之好，就連派對結束時，也把碗盤洗乾淨才回家。

追根究柢，**一流的菁英走到哪，教養就跟到哪，會主動去做對周遭的人有幫助的事。**

跟他們相較之下，我什麼都沒做，一屁股坐在正中間的位置吃著最好吃的五花肉，然

而，那時的我突然覺得這是確認當時正在撰寫本書內容的大好機會。我就問他們：「我現在跟母親一起撰寫關於領導能力的育兒書，你們回顧自己的家庭教育經驗，覺得什麼是最重要的，也想要教給自己的孩子呢？」他們異口同聲地回答以下三點：

「想讓孩子挑戰各種事物，拓展孩子的視野與刺激好奇心。」

「不嘮叨孩子要好好念書。」

「嚴格管教孩子。」

這三點也是當我向非常值得尊敬且優秀的商業領袖詢問家庭教育方針時，最常被列舉出來的重點，其中前面兩點已經在本書前面的章節討論過了。因此，本章就來討論尚未論及的「家教」的具體內容。問卷調查的回答都集中於下面六點。

培養孩子的自制力、為他人著想的同理心與教養

1. 自制力與體貼他人的心
2. 培養正確的金錢觀念

3. 培養孩子良好的教養與感受性

以身為教引導孩子

4. 「分工合作」的管教方式
5. 父母的對話會形塑孩子的個性
6. 孩子會模仿父母

只是頭腦好、高學歷的死讀書菁英，跟一流的專業人才相比時，兩者之間的差異大多是出於家教，也就是「自制力」的有無。

例如「不可以遲到」「不可以浪費」「有明確的原則（念書的時候就好好念書，玩的時候就大力地玩）」「不可以偷懶不寫功課」等，大多是基本的生活習慣，但**律己的自制力，確實是出社會之後區分一流跟二流的重要素養**。

從未受到父母的管教，也不曾要求好好念書的「一流人才」出乎意料之多。我為了撰寫本書，糾纏特別優秀的友人，仔細詢問他們：「你到底受到怎樣的家庭教育呢？」很多人都回答是放任孩子獨立自主，從來沒被要求過什麼。他們的父母不是東大、阪大等大學的教授，就是本身很愛念書，孩子不用被要求，自然而然就會模仿父母的行為。

仔細想想，在商業上取得成功、早早出人頭地的人，他們的雙親都是學校老師，這類例子令人吃驚的多。當然，是大學教授還是普通的學校老師並不重要，重要的是父母本身的學習習慣跟平時的言行舉止，在不知不覺之間教養了孩子。

前面的章節也有提到，也是貫穿本書、反覆不斷出現的主題，**父母的言行舉止會直接影響孩子**，這點應該要謹記在心。

其他例如，教導孩子顧慮他人的感受，對任何人都抱持敬意、有禮貌地待人接物等禮儀，這些左右未來人際關係的重要習慣，在幼年時期就被父母的管教決定好了。此外，不只是學歷或金錢等身外之物，在本章也會討論到以豐富的教養，培育孩子深厚內涵與淵博見識的重要性。

那麼，接下來就跟著南瓜夫人一起來思考，與發揮孩子未來的領導能力跟自制力息息相關的生活習慣養成，也就是「品格教育」的重要性。

I 培養孩子的自制力、為他人著想與教養

1 自制力與體貼他人的心
——有家教的孩子才可愛

問卷調查結果

✶在一定的年紀之前嚴格管教，在那之後就放任孩子獨立自主

我的父母從我幼年時期到上國小、國中之前，都很熱心且嚴格的管教我，在那之後就**採取尊重孩子自主性**的教育方針。

（名古屋大學K同學）

✶在義務教育期間，豐富孩子的感性

我希望在義務教育期間能夠培養豐富的品格，並透過那樣的教育，**了解到念書的重要性跟身為菁英所背負的社會責任意義**，主動以東大或海外知名大學為目標，用功念書。

(東京大學法律系M同學)

★ **提供孩子重視品格的教育**

在中國，很多家庭都要求孩子好好專心念書。**比起成績，我希望受到更加重視品格的教育。**

(京都大學公共政策研究所C同學〈中國留學生〉)

嚴格管教

——待人接物的方式、禮儀跟自制力決定了品格

很多父母都想讓孩子好好念書，道德教育卻容易馬虎。這意味著，孩子長大成人之後，跟其他人比較時最容易拉開差距的，就是「培養孩子品格的幼年時期家教」了。

管教的首要之務是**養成孩子的自制力**。例如，「就算覺得麻煩，也要好好整理身邊的

東西」「即使討厭，現在就是要寫作業」「即便有其他要做的事，也要嚴守時間」等皆是自制。

另外，在此也想要特別強調教養待人接物的方式跟顧慮他人的重要性。對待餐廳店員、計程車司機、飯店接待員的方式等，**父母「待人接物方式」的謹慎（與粗暴）程度會直接影響到孩子**。幼年時期模仿父母學到的東西，長大之後想改都改不掉。

而培養孩子品格教育的最大障礙就是「父母的溺愛」。**幼齡孩童的可愛模樣使得父母的愛變得盲目，而讓管教不斷往後順延**。一般人不會太在意小孩小時候家教不好，但上國中之後就會變得非常醒目。然而，那時才想要改掉就不是那麼容易了。

自己的孩子沒有家教，父母還是會覺得可愛，但不可以忘記，**從他人的角度來看，有家教才會覺得可愛或是有魅力**。

武貴在本書開頭也有寫到，即便兩者都很聰明，卻有工作能力與人脈廣闊的差異，那是爲什麼呢？那是因爲幼年時期培育出來的自制力、待人接物的禮儀跟有無豐富品格所帶來的差異。

很多人都非常感謝父母有好好地管教自己。

另一方面，我們也聽到了「希望父母可以給予培養豐富品格的教育」的意見。**如果孩子欠缺自制力，待人接物的方式很失禮，出社會之後辛苦的是他自己。**沒有適當地管教孩子的父母必須做好心理準備，孩子未來的路必定是艱難險峻。

2 培養正確的金錢觀念

——如果不會管理金錢，賺再多也只是自取滅亡

問卷調查結果

★父母特別強調的是「金錢的重要性」

我特別被嚴格教育的是「金錢的重要性」。我們家沒有父親，母親一手養大我們兄弟四人。當吃著樸素的餐點或跟朋友間有經濟差距而感覺到貧窮時，母親就會跟我們訴說有錢的重要性。

（東京大學經濟學研究所N同學）

★養成孩子適當的金錢觀念

我希望父母可以多加強孩子「金錢觀念的教育」。進入大學之後，越來越多一個人住的朋友，**跟自己對金錢的感覺相較，可以察覺很大的差異**。具體而言，一個人住的朋友能夠自己掌握生活費跟各種費用的支出，但我卻什麼都不知道，問父母也只一味地回答我：

「小孩子不用管這個。」

（某大學研究所S同學）

★讓孩子對賺錢感到有罪惡感

我們家完全禁止零用錢跟打工，因此欠缺經濟觀念的教育，也讓我對賺錢這件事抱有罪惡感。

（早稻田大學M同學）

金錢觀念最重要的是要「有計畫性」

——給「一年份的零用錢」，讓孩子學習管理金錢

孩子要能夠自力更生，依據自己的判斷過日子，沒有什麼比擁有「正確的金錢觀念」更重要的了。

可能是受到儒家文化的影響，社會風氣是只要談到錢就是「粗俗」。然而，**親子之間絕對不可以把這樣的話題當作禁忌。**

特別是經濟不太富裕的家庭，許多父母都不想讓孩子煩惱錢的事。談到教育費時更是如此，跟富裕家庭的子女相比，因爲經濟因素有很大差距，就會覺得自己的孩子很可憐。

雖說如此，但人不可能一輩子對金錢無知。教導孩子收支平衡，或是即便有餘裕也不可以把錢用在不應該花的地方等金錢觀念，是父母的責任。金錢這個話題，特別是同時也談到賺錢時，經常會被歸類成粗俗的話題，但那是嚴重的錯誤觀念。**教導孩子辛苦打拚，提供自己的專業、技能或資產以獲得對等價值的機制，沒有高尚或粗俗之分。**

闡明勤勉、誠實工作的重要性，告訴孩子想不費力氣賺錢、去做不正當工作或沉迷賭博之人的悲慘結局，也都是父母的工作。

另外，父母也應該要讓孩子擁有具體的資金管理能力，學習如何有計畫性的使用金錢。

關於金錢的管理，我有位熟人，他會**一次給孩子一年份的零用錢，讓孩子學習管理零用錢跟記帳**。

從問卷調查的回答可以看得出來，父母不應該逐一購買學校或生活的必需品給孩子，而是將所需資金一次全部交給孩子，讓孩子自行安排運用。上大學之後開始讓孩子自己管理生活費跟學費的方式，對於教導孩子使用金錢應有的概念，應該有不錯的效果。

說到這個，某位造紙公司的公子哥，使用自家專機來回四國自家跟東京家庭教師家中學習，他長年花在賭博上的錢高達一〇五億日圓，甚至還罹患賭博成癮症，並吃上特別背信罪。

即便家裡多麼富裕，也有不少人因爲沒有正確的金錢觀念，而在短時間之內破產。無論是富是貧，都應該牢記**金錢觀念會大幅左右人生**的概念。

3 培養良好的教養與感受性
——增加在家裡接觸藝術的機會

問卷調查結果

★父母給了我很多接觸藝術的機會

從幼年時期到小學時代，**父母給予我很多機會接觸一流的藝術，刺激我的感受性**。可能跟父母都是從事音樂工作也有關係，雖然年紀還小，但實際感受到自己在被好音樂圍繞的環境下長大。國高中時，雖然從來沒被父母說過「好好念書」，但讓我親近美術跟藝術，對我日後感性的形塑影響很大。

（東京大學工學系研究所W同學）

＊如果只會念書，太乏味了

我的雙親教養深厚，我在經常外出觀賞戲劇跟音樂會的家庭環境下長大。父母的訪客也很多，**在旁邊聽著他們愉快地談論文化與藝術，就讓我深刻理解只會學校教的科目是多麼的平庸乏味**。我也因此自然而然地喜歡上參觀美術館跟聆聽音樂會。

（東京大學K同學）

學歷高但沒有教養的人就是膚淺

——有無學歷跟有無教養是兩回事

有無教養跟藝術的感性，是區分只會死讀書的菁英、暴發戶跟受人尊敬的一流人物的重要因素之一。在此會特別強調教養的重要，是因爲從政治人物到領袖，他們欠缺教養、感性對話能力的樣子實在太過醒目。

幾乎所有政治人物的學歷都很高，**擔任要職的人發言與答辯只要看準備好的講稿**，大

多不會出問題。但是，當碰到意料之外的問題時，有的人發言水準之低，瞬間摧毀掉至今在民眾心中建立起來的信賴感。國會發言的低水準是家常便飯。教養不是用來賣弄，而是自然流露的東西，而沒教養、蠻橫的態度是無法遮掩的。

另一方面，我很幸運有機會跟幾位高學歷、享有盛名的世界級學者會面。每次碰面時，都讓我再次體會原來所謂的一流人才是這個樣子。**受到大家尊敬、信賴的人，他們的共通點是從短暫的對談、儀態跟撰寫的文章都會流露出深厚的教養跟豐富的藝術感性**。從他們的成就跟地位來看，如此謙遜的態度，讓我相當疑惑。他們書寫跟對話時使用的言語不僅一點也沒不瞧不起人，對任何人總是謙虛有禮、相當注意對方的感受。

跟那樣的人談話時，我一定會詢問其幼年時期的環境與受到的教育，而**他們的雙親大多是有教養的人，在能夠培育深厚教養的環境下長大**。

教養跟豐富的感性，是在孩子小的時候就讓他體驗各種事物當中，或者是閱讀、親近藝術之中培育出來的。日本在孩子還小的時期就進入考試戰爭，那段期間之長，使得很多親子沒辦法有餘裕地度過孩子多愁善感的青春期。

儘管如此，只要父母想做，應該可以在孩子的人生當中創造出接觸重要閱讀跟哲學、親近藝術，創造磨練感性的機會才是。

很可惜的是，現在的學校教育體系即便有考試準備的對策，卻無法寄望能夠培養孩子深厚的教養。正因爲如此，**在家庭中提供讓孩子接觸藝術的機會變得很重要**。

無論有無學歷或財富，教養是必須具備的東西。不應該把孩子養育成高學歷、高收入，卻沒有教養、品行低落的人。

4 「分工合作」的管教方式

——想成為受孩子尊敬的父母，應該怎麼做？

問卷調查結果

＊父親扮黑臉，母親扮白臉

在父親的嚴厲跟母親的慈愛間取得平衡很重要。父親是經常要求我自己思考「我應該要做什麼」的人。雖然到了某個年齡之後，我自然地可以獨立思考，但小的時候父親對我而言是相當嚴厲的。

另一方面，**母親沒有那樣嚴厲的一面，當我覺得難過時總是溫柔地安慰我**。我認為，因為有母親在，我才能不逃離嚴厲父親的教育方針，順利成長，現在得以自己獨立思考，擁有明確的自我意志採取行動。

（東京大學工學系研究所F同學）

★父母的工作分配很明確

「父母的工作分配、位置關係明確」是我們家的特徵。也就是說，父親是「最後做決定，持有嚴厲性格的黑臉」，另一方面母親則是「可以直接溝通的白臉」，家庭關係的工作分配明確，以父親作為最上位的角色。

但關鍵人物則是母親。**從平時日常生活，母親看不起父親的發言就可以觀察到，一旦進入叛逆期，孩子就不會聽從父親的話了。**

（早稻田大學先進理工學系研究所E同學）

黑臉跟白臉的平衡很重要

——當一方嚴厲時，另一方就要溫柔地從旁協助

光只是嚴厲管教孩子，孩子會誤以爲被父母疏遠，也聽不進父母的意見。

我的先生經常跟孩子起衝突。社會上雖然很流行「像朋友的親子關係」，但我先生絕對無法接受那樣的觀念。當孩子有欠缺思慮的言行時，我先生激烈的說教就會沒完沒了。那時在適當的時機點把兩人分開之後，就輪到我上場了。

面對我的先生，我會先幫孩子辯解他們是怎麼想的，跟他約定好等會再好好規勸孩子。那個時候我也會向先生說明，**斥責的方式太過嚴厲，只會流於情緒化，失去效果**。面對孩子，我會先說明父親爲什麼會生氣，他在意的地方在哪裡，以後要多注意等，然後請孩子跟父親道歉。

雖然有時候我會跟雙方說類似「另一方也有尊重你的意見喔」的「善意謊言」，但和事佬做到這樣的地步不是白費工夫。

在問卷調查中，學生們已經很明確地指出，父親跟母親應該要分配好工作。**夫妻一方如果管教嚴格，另一方就要扮演慈祥的角色**。父親很嚴厲的家庭，傳達父親的想法給孩子了解等，擔任串聯兩者的任務是母親的重要工作。正因爲有那樣的母親的存在，才能忍受嚴厲父親的孩子意外之多。

但也有不少母親，不僅沒有搭起串聯雙方的橋樑，經常嘲諷那樣的父親。另一方面，把妻子當作是僕人使喚的丈夫也不少。

父母的關係如何，或者是夫妻之間彼此怎麼跟孩子講另一半的事，對孩子會有很大的影響。

爲了讓家庭擁有管教孩子的功能，夫妻之間必須彼此尊重。然後，當有夫妻有一方過於嚴厲或過於慈祥時，另一方就應該擔任從旁協助的角色，讓孩子可以尊重自己的父母。

同時，在此闡述的概念，即便是單親家庭也很重要。管教孩子重要的基本在於，父母必須在嚴厲與慈祥之間取得平衡，並且受到孩子的尊重。

問卷調查結果

✶父母對話的知識涵養高低，決定了孩子的品格

我雙親的知識涵養很高，家裡的對話大多是社會、文化跟藝術的主題。**我的工作觀念也受到了父母對話的影響**。父親經常說，努力大家都會，即便有才能，能夠在社會當中生存下來的只有一部分的人。

另外，他經常掛在嘴上的是，**求快不如求好，沒有做出高水準的產出就不是專業的人**。他們從未對我學校的課業說過什麼。

（東京大學醫學系研究所M同學）

✶父母的偏見會傳染給孩子

在不會把父母的「偏見」當作偏見的幼年時期，很多偏見都灌輸到了我身上。例如，「學生會的活動會影響念書，所以不應該參加」「私立高中是考不上公立高中的孩子才去念的

（因為我老家是鄉下，當地到現在也還是公立高中主義強烈）」等。**希望父母要有點自覺，自己無心的發言也會影響到孩子對社會的認識。**

（早稻田大學會計學研究所A同學）

在孩子面前即使是開玩笑，也不應有偏見的發言

——不論是好是壞，孩子都照單全收

孩子的思考方式跟價值觀是好是壞，都是受到父母言行的影響。

在孩子還未明確建立善惡基準時，**父母的對話會烙印在孩子的意識裡**。即使只是小奸小惡，也會深深地印在孩子心中。

我家長子在小學二年級那年，有一次拜訪同學家時，被同學的父親說：「是你啊，你不要跟我家孩子玩，給我回去。」雖然不清楚那位父親是因爲什麼理由這樣說的，但就班級導師所說，應該是種族歧視吧。

雖然那時孩子都還是一起遊戲的天真無邪夥伴，但老師非常擔憂，因爲**不久之後可能連孩子都會染上父母的歧視跟偏見**。

小孩子沒有「眞心話跟場面話」的概念。即使父母用誇張的語氣說壞話，孩子也是全盤接受。

長子在幼稚園時，有回老師提醒家長：「請爸爸媽媽不要跟孩子說：『這是你跟我的秘密。』因爲**孩子會連同『這是你跟我的秘密』這句話，把所有的事都跟我說喔。**」

據長子在小學二年級時的班級導師所說，在孩子上小學後情況並沒有改變。某位小學四年級孩子的母親在家裡說「現在的班導偏心」或是「一副高高在上的，眞讓人不愉快」等，把老師批得體無完膚。然而孩子到學校之後，把母親所說的話全都跟老師說了。

對父母而言，無須顧慮只在「家裡說」的話，但對孩子而言跟普通談話無異。大人可能習慣講別人的八卦或壞話，**但絕對不可以忘記孩子是純潔的**。在孩子還小、思想純潔的時期，父母如果講出有偏見或神經大條的發言，當然會對孩子的價值觀有很大的影響。

狹隘的想法跟偏見只能適用於小團體。**當孩子想要展翅飛向廣闊世界時，那樣的價值**

觀會成為阻礙孩子的枷鎖。讓孩子背負那樣的不利條件，應該不是父母所期望的。

問卷調查當中，學生們的回答也是一樣。對孩子而言，如果最親近的父母其對話是有素養內涵的話，孩子會受到非常好的影響。相反的，如果父母的言行充滿偏見，孩子必須花上很長的時間才會察覺到那是偏見。

6 孩子會模仿父母
——你是否言行一致呢？

問卷調查結果

✶父母不用開口說，孩子自己就會模仿

我父母應該是屬於重視「自由」的家長，但現在回想起來，我覺得他們有確實地教育我「不可以做的事就是不可以」的原則，具體來說就是不可以抽菸。我父母也透過言行，教會了我這個道理。

孩子雖然不會聽父母的話，但會模仿父母的行為。因此，**如果父母都愛閱讀，孩子早**

晚也會開始閱讀。父母他們也是自己先戒菸之後，才向我講述不抽菸的重要性。

（慶應義塾大學綜合政策學系K同學）

★看著父母的身影，讓我體悟念書的重要

小學時期父母時常嘮叨我要好好念書，但上國中之後就不太唸我了。**但是，因為父母自己就很喜愛念書，看著他們的身影，我也自然地了解到念書的重要性**。將來我希望以重視孩子自主性的方式養育孩子。然後，我希望自己與其用說的，不如用行動來教育孩子。

（東京大學工學系研究所I同學）

★父親做了最好的範本給我看

我認為父親用身體力行的方式教育了我。有天父親回家時，右腳染滿鮮血。雖然傷勢嚴重，但仍然掛著笑容。父親教會了我，**獨當一面的男人即便痛苦，也不應該露出痛苦的表情，應該要笑**。

（早稻田大學政治經濟學系M同學）

父母做不到的事，要求孩子也沒用

——父母不努力，孩子也無法努力

有句話說，孩子是父母的鏡子。孩子是純潔地誕生到這世上的，因此會看著父母的姿勢跟舉止成長，連食物、嗜好跟思考方式都會自然地模仿父母。如果**父母只出錢卻一點也不努力，即使準備好了孩子必需的用具，孩子也不會想要努力**。

有位父親是企業家，所以給了孩子一間很大的房間，讓孩子上補習班等投資了許多教育費用，但孩子卻怎麼樣也不自動自發念書。

但是，仔細詢問，父母也只是像是念經般地唸孩子：「你有沒有好好念書啊？」「再多用功一點。」自己則跑去打高爾夫、唱卡拉ＯＫ，或是參加其他社交活動，經常外出不在家，在家時就坐在電視機前面。而父母眞正的想法則是，只要存好孩子進入大學所需的花費，孩子可以考進哪所大學都好，只要拿到大學畢業證書，之後只要讓他繼承家業就穩如泰山。

父母嘴巴說的、腦袋想的，跟實際做的完全不一致，所以孩子聽了父母的話也不可能會「想要好好努力」。

另一方面，從這次的問卷調查當中可以看到，**父母喜愛學習，孩子看著父母閱讀跟念書的身影長大，自然而然地喜歡上念書的家庭圖像**。

也有的人表示，看著父母勤勉努力工作的姿態長大，或是看著父母煩惱著如何經營家業、維持家計身影，覺得自己應該要努力。

比起父母的說教，孩子更容易受到父母言行舉止的影響。

極爲平凡的家庭養育出優秀的孩子時，經常會被說「歹竹出好筍」，但我感覺多半的情況**只是周遭的人覺得父母是歹竹，然而實際上父母的本質卻是好筍**。

雖然其中也有將父母當作是負面教材，自己認眞努力的孩子，但父母不應該有這樣的期待。

父母自己做不到的事，即使要求孩子，他們也是聽不進去的。**讓孩子看著父母誠懇、努力的身影，以言行一致、以身教的方式教育孩子，應該是為人父母的基本跟素養**。

第六章的重點

比起考試成績，幼年時期的管教左右孩子的未來

幼年時期的管教，例如：自制力、體諒他人、教養、金錢觀念跟良好生活習慣的養成，會影響孩子一輩子。

「有其他人在的地方不要大聲說話」「玄關前鞋子要擺放整齊」「如果從別人那裡獲得什麼，應該要有禮貌地道謝」「不要浪費」「要遵守約定的時間」等雖然都是微不足道，但出乎意料之外的，很多人都沒有養成這些理所當然的生活習慣。因此好好管教孩子，讓孩子確實養成這些理所當然的習慣，未來會因此跟其他人拉開差距。

特別是待人接物跟禮儀具有絕對的重要性。對交往對象感到幻滅的理由，最常被舉例的是在餐廳用餐時對服務生態度粗魯，因為也這是面對計程車司機、公司秘書、部下等幫自己做事情之人的基本態度，對人際關係有非常廣泛的影響。

這些基礎的禮儀跟作法，孩子不需要是神童，也不必進入一流大學才能學到。然而，回顧長遠人生，這些基本習慣比起頭腦聰明跟高學歷，意外地對人生成敗與否有很大的影響。

這一章裡也有寫到，孩子有家教，其他大人也才會疼愛。這也是為了培養孩子擁有被

社會喜愛的人格，父母應該要養成孩子除了念書以外的禮儀、社會常識跟教養。教導孩子時的基本就跟其他章是相同的，父母日常生活的言行舉止，會對孩子的基礎人格有很大的影響。

那麼，最後就來回顧本章的學習重點吧：

＊培養孩子的自制力、為他人著想與教養

1. 自制力與體貼他人的心

你的教育方式是否偏重排名跟考試成績呢？雖然念書很重要，但是在未來會跟其他人產生差距的是，有無自制力與體貼他人之心的品格教育。有無「整理」「不浪費」「不遲到」「重禮儀」「待人有禮」的習慣左右孩子的一生。如果父母不好好管教孩子，將來苦的是孩子自己。

2. 培養正確的金錢觀念

你是否有培養孩子正確的金錢觀念呢？正確的金錢觀念是自力更生所需紀律當中最重要的素養之一。父母在孩子還年幼時，請教導孩子賺錢的辛苦、珍惜金錢跟聰明

使用金錢的重要性。

3. 培養孩子良好的教養與感受性

你是否有培養孩子良好的教養與對藝術的感受性呢？即便是高學歷、高經歷，但若沒品性跟教養，也不值得尊敬。

＊以身為教引導孩子

4. 「分工合作」的管教方式

你是否過度嚴格管教，讓孩子覺得喘不過氣呢？管教的嚴厲程度跟孩子感受到的愛，兩者的平衡很重要。管教太嚴格，使得孩子懷疑父母對自己的愛時，反而是本末倒置。

5. 父母的對話會塑造孩子的個性

你在孩子面前說話時是否有多注意呢？父母的偏見跟見識會直接塑造孩子的品格。不被社會偏見所蒙蔽，能夠理解受偏見所苦人們的心情跟觀點，那樣有內涵的人格才是值得尊敬的。

6. 孩子會模仿父母

你是否以身作則，以自己為榜樣管教孩子呢？孩子會模仿父母的行為。父母不嚴以律己，卻想要管教孩子是不可能的。

第七章

讓孩子感受到「不求回報的愛」——

父母最重要的工作

在溫馨的家庭環境養育孩子，培育「被他人接受的自信」

「一流的教養」旅程終於來到最後一章。在最終章想要跟各位說的概念只有一個，**請從幼年時期開始培養孩子「自己是被愛著、被信賴著、被接受著」的自信根源。**

不久前，我參加了一位後輩的結婚典禮，他在某家一流的跨國顧問集團的上海辦公室工作，那個結婚典禮洋溢著他們對彼此的愛情，令人感動不已。

上司在致詞時誇讚新郎是傳統慣例，那個時候介紹了他進入公司的來龍去脈，實在非常符合他的個性。他在那間公司的徵才期間結束之後才寫信、打電話過去詢問，總而言之就是不斷推銷自己，希望給他機會面試。後來公司就說：「你這麼想進來，就進來試試看吧。」就這樣進了公司，而這也讓我想起他第一次拜訪我時的情景。

我在香港的家中舒適地休息時，小我十歲的他說：「我是你大學的學弟，現在在香港大學留學，無論如何都想跟你見一面。」無預警地拜訪了我。

順帶一提，在那個結婚典禮上我碰到了同業的熟人，她之所以會出席是因為**「新郎在就職活動時突然跑來參加會談，雖然最後沒有錄取他，但之後持續都有保持聯絡」**，這個原因真令人驚訝。

就在我正在寫這段文字的時候，有一位在我前公司實習的首爾大學學生與我聯絡。他說剛好來到我所在的都市，想要碰個面。說起來，**他在實習的時候，雖然我們在工作上沒有交集，但他也跟我也保持友善關係**。

回想起來，他在實習時曾經約過我去吃飯好幾次。一般來講，大部分的人都會想要避免跟相當於上司的人有交集，能夠做到這樣，從上面的人來看當然就會變成是「可愛的小伙子」。再仔細詢問，他進入第一志願的公司才不到半年，就已經透過自己的人脈網絡成功調達資金跟投資，想必他應該很快就會被公司提拔吧。

無論是在哪個業界，很年輕就出人頭地的人，他們的特徵不在於頭腦的好壞。**會早早出人頭地的，是被業界重要人物疼愛，有「長輩緣」的人**。有「長輩緣」的人所擁有的「突襲力」，很多時候是源自於「從小就被比自己年長的大人們疼愛」的原始體驗。

這種「被接受的自信」其中一個要素，往前回溯應該是幼年時期被父母灌注豐富的不求回報的愛。「即使突襲也會被接受」這種極大的自信，在年幼時期就安裝好自己的「基本人格」應用程式。

在孩子小的時候能夠給予多少，在前面章節討論過的「好好管教」跟「自己是被愛著、被信賴著、被接受著」的感覺，會是幫助孩子建立人脈跟自我實現時的重要資產。

詢問擁有這種「自信」的人們是在怎麼樣的家庭環境下長大的，大致有以下的回答：

在溫馨自在的環境下發揮孩子的才能

1. 用正面思考培養孩子積極、闊達的性格

2. 父母之間絕對不可以「詆毀對方」
3. 不要跟其他孩子比較
4. 使用「正確的誇獎方式」發揮孩子的專長

用不求回報的愛守護孩子

5. 有耐心地面對孩子的脫序行為
6. 讓信賴圍繞著孩子
7. 給予孩子不求回報的愛

堅信「自己被愛著」的人，大部分都在有滿滿的愛、溫馨的家庭環境下長大，而且父母感情和睦，**自幼年時期從未懷疑過父母對自己的愛。另外，也因為被父母信賴，因此也能夠信賴自己跟他人。**

另外，因為周遭基本上都是「好人」，因此跟人相處是以「人性本善」為基礎。然後，信賴、愛他人，同時那也回饋到自己身上，形成好的人際關係循環。

以「一流的教養」為中心主題的本書，也終於來到最終章。接下來，讓我們展開旅程，學習如何培養孩子被人所愛、具體討論信賴的自信之重要。

在溫馨自在的環境下發揮孩子的才能

1 用正面思考培養孩子積極、闊達的性格
——母親的笑容勝過太陽的光輝

問卷調查結果

＊把孩子養育成即便是小事也能感到幸福的人

把孩子養育成心胸寬闊、小事也能感到幸福的人，對孩子而言是最好的。因此，我認為，雖然說不上是自由放任，但**不讓孩子感到死板拘束的教育方式是最好的**。

我的父母個性開朗、尊重並體貼彼此，對孩子的操行教育上，有非常好的影響。

（京都大學經濟學系S同學）

★無論發生什麼事，家裡的氣氛總是輕鬆自在

無論發生什麼事，家裡總是滿溢著「不能讓享受人生的機會從手中溜掉」的輕鬆、自在氣氛。針對我的成績，父母並沒有使用胡蘿蔔跟棍子，因為念書最終還是依據孩子自己的意思。父母讓我自己做判斷，去做喜歡的事，而那也教會了我一分耕耘一分收穫的道理。

另外，他們也是時常正面思考的父母。

（東京大學法律系N同學）

該如何養育出「總是體貼溫柔、積極正面的人」呢？

——父母如果太囉嗦，是無法養育出開朗孩子的

感覺被愛著，被開朗又溫馨的家庭養育的孩子，大多很有自信。**並非在那樣環境下長大的人，想獲得在那樣良好環境下長大之人擁有的強大自信心，說要花上數十年也不稀奇。**社會其實是不公平的。

在我的高中時代，有位名叫眞理的同學，她無論對誰都很溫柔，笑容燦爛、笑臉常開。不僅絕對不說他人的壞話，當大家在說某個人壞話時，她總是會指出被說壞話之人的優點，勸告在場的人。眞理非常溫柔，凡事都正面思考，無論是誰都非常喜歡且信賴她。

我是第一次交到像眞理這樣的朋友。我一直很疑惑，該怎麼做才能像眞理一樣對誰都很溫柔，總是提供大家開朗正面的話題呢？

但是，**當我受邀第一次去她家時，瞬間就理解那是因為她「教養很好」**。

那時二戰結束還不到20年，東京奧運也還沒舉辦的年代。她跟她的妹妹在庭院用屋瓦搭架而成的烤肉架烤肉，熱情地招待著我。

我還吃了她們兩姊妹烤的餅乾。她們身爲牙科醫師的雙親在看診空檔來打招呼，明明應該是我要道謝的場合，他們卻對我表示謝意：「**很高興能見到女兒最好的朋友。**」從這句話，就可以知道眞理姊妹有多麼的被父母珍惜、重視。

包括他們夫婦每年都會參加越野耐力賽，眞理的家對我而言就像是進到小說或電影當中一樣，如夢一般的世界。在大房子的庭園烤肉、吃手工餅乾，開朗的雙親是醫生，每年都會參加越野耐力賽等，我一輩子再怎麼努力也不可能獲得的東西，眞理卻一出生就擁有這一切。

眞理的自信、完全跟嫉妒心扯不上邊的**天真、溫柔跟堅毅，是在她聰慧且心胸寬大的雙親，用愛建造而成的安全基地中培育出來的**。

所以，當討論到「該怎麼做才能養育出任誰都會喜歡的孩子呢？」的時候，我第一個想到的就是眞理。「教養很好，不知道懷疑是何物」這句話並不是憑空想像，在溫馨、充滿安心感的家庭環境培育出眞理的開朗性格，就是最好的例證。

「教養很好」並不單指有無經濟能力。即使經濟能力很好，父母的想法負面，而且總是神經質地大聲斥責孩子，孩子就會變得畏畏縮縮。

如果想要培養出正面思考且個性開朗的孩子，父母必須先做到那樣。對孩子而言，在可以放心的避風港家庭下成長的意義甚大。有句話說：「母親開朗的笑容，勝過早晨太陽的光輝。」眞是如此。

2 父母之間絕對不可以「詆毀對方」

——雙親不和睦，會變成孩子的創傷

問卷調查結果

✶「雙親感情佳」塑造了我的個性

我父母感情融洽，是塑造我個性的其中一個主要因素。因為如此，**我可以不畏懼地跟各式各樣的人溝通。**絕對不要在孩子面前吵架，應該是育兒的重點之一。

（東京大學工學系研究所Ｉ同學）

✶只要父母一吵架，我也會覺得不幸

因為有了父母吵架而非常傷心的經驗，我認為**父母絕對不可以在孩子的面前吵架。**我小的時候，只要父母處於不開心的狀態，我也跟著感覺到不開心。

（慶應義塾大學Ｔ同學）

＊我一直都記得父親詆毀母親的樣子

累積太多工作壓力的父親曾經有段時期，會在孩子的面前不斷詆毀母親。因為**孩子對於這種負面的事件會記得很清楚，**因此不可以輕忽那種事件對孩子心理造成的負面影響。

（東京大學研究所K同學）

如何才能養育出站在人性本善立場、信賴他人的孩子？

——父母不和睦，會使孩子變得不信任人

父母感情和睦，在充滿愛的環境下長大的人，大多站在「基本上大家都是好人」的人性本善立場。所以才能夠相信他人，即使被騙了也不會去騙其他人，**因為相信別人，所以別人也會相信我，享受這樣良好人際關係的循環**。

「希望我的父母感情和睦」也是問卷調查當中最頻繁出現的意見。**如果孩子在父母有一方瞧不起另一半的環境下成長，會在孩子的內心種下不信任他人的種子**。

我們家的愛犬成了女兒夫婦倆的家人，聽說只要他們夫妻一吵架，牠就會逃到陽台，然後從縫隙偷看房裡的狀況，直到雙方平靜下來。就連狗都這樣子了，可以想見這應該是人類孩子內心難以忍耐的痛吧。

當然，如果是想要解決雙方意見相歧的狀況，在尊重彼此的情況下進行有建設性的爭論，那當然是歡迎的。比起夫妻的某一方總是忍耐、壓抑情感，能夠自由地互相說自己的意見、建立信賴關係，反而比較有教育的功效。只是，彼此不信任對方，只是單純辱罵的話則另當別論。

雖然原因不只有家庭環境，但有的人對任何人敞開心胸都需要花上很長一段時間。一旦變得不信任人，總是會處處提防他人。

我幼年時期的家庭環境並不和樂，所以花費了很長一段時間才從看人臉色的習慣解放出來。夫妻感情和睦或家庭氣氛和樂的環境下，養育出來的溫和與溫柔性格，是我所沒有的，因此一直都很羨慕。

相反的，從那些人的角度來看，我的缺點一覽無遺，有段時間我幾乎羞愧得想要鑽進地洞。

爲了不要讓孩子有那樣難堪的童年，**我都非常小心翼翼的，不要讓孩子看到家庭內或親戚之間的問題**。雖說如此，我有時會覺得，這樣反而無法讓孩子在比較自然的環境下成長，覺得對不起孩子們。

後來，我在書架上放了本當時很紅的石原裕次郎夫人所寫的書，是在講深厚羈絆而結合成夫妻的眞人眞事。我想說，至少用書本讓孩子們知道，這世上也有感情這麼好的夫妻，努力地讓孩子們不要對婚姻有負面的印象。

我故意把書放在書架明顯的位置，這般用心良苦後來成爲朋友的笑柄。結果，包含我在內，誰都沒有拿出來翻過，那本書就下落不明了。

3 不要跟其他孩子比較

——不要拿孩子跟其他人比，順應孩子的個性養育

問卷調查結果

＊多誇獎孩子，不要拿孩子跟其他人比較

我有兩個哥哥，**隨時隨地都被比較，從來不記得有被誇獎過**。被拿去跟其他人比較時，有的人可能會覺得不甘心而奮發向上，但也有的人會很受傷變得自暴自棄。而我是屬於後者，因此對我而言是非常難堪痛苦的經驗。

（東京大學新領域創新科學研究所K同學）

＊被拿來跟姊姊比較之後受到誇獎，但覺得很不安

我姊姊不是很會念書，母親總是以不耐煩的態度對待她。母親曾經對我說：「你講一次就聽懂了，很棒。不像你姊理解力這麼差，很難教。」從幼年時期我的內心就**建立起一個公式「不會念書＝媽媽不愛」**。因此，我很害怕變成劣等生，非常拚命念書。

（京都大學研究所H同學）

拿孩子跟其他人相比是禁忌

——被拿去跟其他人比較，會造成孩子內心嚴重創傷

被拿去跟兄弟姊妹或朋友比較而遭到貶低的幼時經驗，即使長大之後也一直殘留在心中，這種例子屢見不鮮。

男性例子特別多，我知道好幾位40歲多或50歲多的人，童年時期經常被父母拿去跟其他兄弟姊妹比較，當成傻瓜對待，長大後數十年對父母一直懷恨在心。

一旦拿孩子去跟其他人比較，孩子就會覺得不被父母所愛，幼小的心靈會受到傷害。雖然依據不同的個性，有的孩子可能會奮發向上。即便如此，也應該要注意自己的表達方式是否會讓孩子對父母的愛產生疑問。

我的先生非常疼愛老么，跟對待其他兄弟姊妹的方式不同。一旦孩子們吵架，父親一定不分青紅皂白地斥責年長的孩子：「你是哥哥耶，要讓弟弟。」「你是哥哥，所以要忍耐。」（雖然起頭的經常都是哥哥。）

於是弟弟學會了只要一吵架就會用父親聽得見的方式大哭，父親也不問理由，先罵哥

哥再說。就養育天真個性的孩子而言，**我先生的教養方式無論對哥哥還是弟弟而言都不是很好**。

哥哥也因爲還小，某段時期曾經跟父親鬧彆扭，趁父親不在的時候，加倍找弟弟的碴吵架。

即使是兄弟姊妹，每個孩子的個性都不同，有在青春期很叛逆跟不怎麼叛逆的孩子，有愛說話跟安靜的孩子，也有沉穩跟情緒起伏大的孩子，因此斥責的次數跟強弱不可能一致。

但是，孩子是父母重要的寶貝，應該讓每個孩子知道兄弟姊妹間並沒有差異。就像是咬自己某隻手指會痛一樣，孩子的可愛跟重要性並沒有差異。**但父母光只是在內心想，是無法傳達給孩子知道的**。

雖然不可能徹底地公平對待或斥責每個孩子，但對父母而言，每個孩子都是對等的重要寶物，必須用言語或態度明確地傳達給孩子知道。被拿去跟其他兄弟姊妹或朋友比較而失去自信、讓孩子對父母產生不信任感的斥責方式，這些都是父母失職的行爲。

「受到父母的差別待遇」這樣的不滿與劣等感，會使孩子對他人產生不信任感或警戒心，長大之後甚至會妨礙孩子與他人建立良好的人際關係。

4 使用「正確的誇獎方式」發揮孩子的專長

——促使孩子努力的誇獎方式很重要

問卷調查結果

＊在誇讚聲下長大，卻變得不重視努力

我總是被父親誇獎：「你的頭腦很好，是天才，只要稍微努力一下就可以拿第一名喔。」雖然這樣被誇獎，覺得自己很特別而產生自信是很好，先不論我是否真的是天才，**但我因為被誇獎天生聰明，變得不重視努力**。雖然用誇獎養育孩子很重要，但誇錯地方的話會有很大的副作用。

（應慶義塾大學綜合政策學系K同學）

✶從來沒被父母誇獎，覺得沒自信

我的父母是安靜且謙虛的人，可能也因此在我小時候從未誇獎過我，**總是告訴我儘量不要造成別人的困擾**。因此，當我做任何事時，那樣的教誨總是糾纏著我，使我變得欠缺挑戰的精神。

（立命館大學法律系C同學）

孩子只要誇獎，他就會自己長大？

——什麼都誇讚，是偷懶的育兒法

孩子期望被父母認可的欲望很強烈，因此誇獎孩子以滿足那樣的欲望，也可以說是培養孩子安全感、自信跟積極性的必要條件。但這裡重要的是，要有效地誇獎，而不是胡亂地什麼都誇。

以前大家都說：「孩子只要誇獎，他就會自己長大。」在問卷調查當中，的確有學生對於無論自己多麼努力，拿到再好的成績也不會誇獎他的父母感到不滿。也就是說，**即便是優秀的大學生，父母如果好好地誇獎孩子，確實會提高孩子的動力，念書變得更快樂**。

在那個教育觀點中，**「誇獎孩子時，針對什麼事情誇獎是重點」**，有個非常有趣的研究結果。

依據那份引用了許多數據的研究顯示，用「你很聰明耶」誇獎本來就具備的能力，這樣的孩子比起「學習什麼」，反而會把重點放在「取得好成績」上。容易形成考取好成績時就覺得「因爲自己有才能」，成績不好時就覺得「因爲自己沒有才能」的思考方式。

另一方面，「你很努力耶」，**被誇獎努力的孩子，即使好幾次的考試成績都不理想，也會很有毅力地持續努力解開問題**。會認爲成績不好，「（不是自己能力的問題）是因爲自己還不夠努力」。

中室建議大家，誇獎孩子的時候，不要說「你只要努力就做得到」，而是把重點放在**「列舉具體的努力內容誇獎孩子；利用能夠引導孩子進一步繼續努力，讓孩子想要挑戰困難事物的誇獎方式」**。

經常可以看到有些父母想要用誇獎養育孩子，便用非常誇張的方式誇讚孩子。但也有人指出，**太過隨便的誇獎，可能會把孩子養育成沒有實力卻極度自戀的人**。孩子做什麼事都誇，就我來看是偷懶的育兒方式。

以前不會做的事，但現在會了；解開以前解不開的題目，雖然考試分數不好但比平時還要高出許多。不同的事情，誇獎的時機點跟方式當然不同。**不要孩子做什麼都千篇一律地誇獎，「如何誇獎孩子」、引導孩子努力，是父母顯露本事的地方**。

請用鼓勵孩子勇於挑戰的方式鼓勵孩子，讓孩子繼續努力、持續想要挑戰困難的事物。

5 有耐心地面對孩子的脫序行為

——父母如果不認真面對，孩子是不會改變的

問卷調查結果

✶當我失控時，父母用盡全身力氣接納了我

我的父母在我小的時候非常熱心教育，從幼稚園開始就讓我去上作文跟英語會話課，唸了很多書給我聽。但教育方式很笨拙，特別是不擅長誇獎孩子。可能因爲如此，我總是對自己沒自信，在國高中直升學校時頑劣行爲更加嚴重，誤入了歧途。父母好像不知道該如何是好，但即便如此，**他們還是想要把我從歧路上拉回來，用盡全身力氣接納了我**。

重考大學的時期，我的世界觀變得寬廣，開始會思考將來的事情，不知不覺變得能夠直率地傾聽母親的話。對於沒有拋棄我、養育我長大的父母，特別是對母親的感謝，我無

法用言語形容。

（應慶義塾大學法學部F同學）

掌握孩子脫序的實際狀況，把孩子從不良團體中拉出來

——要是袖手旁觀，將會後悔一輩子

孩子的脫序行爲跟親子關係絕對有所關連。父母的存在，很多時候會是預防孩子誤入歧途的力量。另一方面，因爲孩子憎恨父母，爲了讓父母感到困擾而發生的脫序行爲跟犯罪也不少。

當孩子誤入歧途時，**當周遭的人都放棄了，但父母直到最後還是選擇面對孩子，那是父母對孩子的愛**。

因爲我有四個孩子，曾經有不少媽媽友人來跟我商量孩子脫序的問題，看過好幾個未成年人組成的不良團體。即使在同一個不良團體中，被輔導的少年，其父母的對應方式差

異很大。有很多父母只感嘆著：「我完全不清楚孩子在哪裡、跟誰、在做什麼。」沒有採取任何對策。

相較之下，「等到眞的發生事件時已經太晚了，就像是昨天那樣的事件『我沒能阻止他』『孩子只是碰巧在場』等可能會使事態一發不可收拾。」我的友人當孩子有脫序行爲時，**馬上就從掌握孩子所有行動開始著手**。

他聘請了偵探，調查了孩子在哪裡、跟誰、在做什麼。雖然調查費用似乎所費不貲，但那個友人說：「錢不用在這裡，不然是要用在什麼地方？」似乎下定了決心。

據調查結果，知道了孩子勒索他人、喝酒，他加入了朋友隸屬的小混混團體。最後，那位友人不顧在當地經營的餐廳，爲了要把孩子從不良團體拉出來，連工作都拋棄，搬離了居住地。

他說爲了孩子的未來，他沒有其他的選項。而孩子也似乎感受到父母的決心，在那之後改過自新了。這個故事提醒了我們，**當發現孩子有逐漸走入歧路的徵兆時，父母以強烈的信念跟堅定的決心處理，會是多麼的重要**。

雖然有的人可能會認為，一開始就把孩子教育成不會加入不良團體才值得稱讚，但孩子不是只有父母的愛跟教育就可以長大成人的。現在的社會充滿著各種誘惑，因此，與其說在沒有誘惑的環境下養育孩子，不如感謝「好運」。

關於親子之間的信賴關係，有句話說：「父母不相信孩子，誰還會相信？」但絕對不可以不經思考全盤相信這句話。特別是孩子誤入歧途的初期階段，**父母盲目地相信孩子可疑的行為，甚至可以說是加速孩子誤入歧途**。

當孩子有脫序的徵兆時，首先掌握實際狀況，然後好好地面對孩子，除此之外沒有別的辦法，因為學校老師、同學跟親戚絕對不會比父母還要親近孩子。

然後，當周遭都放棄孩子的時候，也要相信孩子會再次站起來，必須全力支持孩子。這時要想起「父母不相信孩子，誰還會相信？」這句話。父母唯有用所有的愛跟堅定面對孩子，才有可能改變他們。

問卷調查結果

✶為回應父母對自己的信賴，自然而然很努力

「我相信你，所以隨便你愛怎麼做就怎麼做」是我父母的口頭禪。如果只是「隨便你愛怎麼做就怎麼做」一句話，可能會讓人有種被丟棄不管的感覺，但他們**總是強調「我相信你」，因此為了回應他們對我的信賴，我非常努力**。

（慶應義塾大學綜合政策學系K同學）

✶信任孩子

我的父母絕對不干涉我未來的出路，他們信賴我，全部交由我自己處理。我認為，這是我變得能夠獨立思考事物最主要的原因。**一旦被信賴，就覺得不可以背叛父母對自己的期待**。

（東京大學經濟學系S同學）

＊因為父母給予我自由讓我更加努力

父母給了我「自由」跟「信賴」，**並向我表達他們很信任我，因此我也想要成為他們可以驕傲的兒子**。他們不曾要求我要好好念書，因此我非常努力用功，不想有辱他們對我的期待。

（東京大學研究所T同學）

把「信賴」當作最重要的價值觀教養孩子

——對父母的不信任感，會養育出相信「人性本惡」的孩子

被信賴孩子的父母養育長大，跟受到父母滿滿的愛長大的孩子一樣，**容易培育出自我肯定、自信跟想要回應期待的動力**。而那又會是培養正面思考、信賴他人與跟他人建立良好人際關係的人格重要基礎。

但必須注意的是，不可以將「信賴」跟「盲目相信」混爲一談。不分青紅皀白地相信

出現脫序行爲孩子所說的話，誤用「父母不相信孩子，誰還會相信？」這句話不會是眞正的信賴。

首先，必須教導孩子信賴的重要性，因爲**單方面的信賴關係是無法成立的**。當父母信任孩子時，如果孩子不信任父母，雙方稱不上有信賴關係。**父母必須以身作則，重視信賴關係、面對孩子也不會說一丁點謊、每一天都誠懇地對待來培育孩子的信賴感**。

剛才提到應該要培育站在「人性本善」立場的孩子，因爲與父母之間沒有信賴關係的孩子，對人的不信任感會很強，而不信任感很強的原因就在於孩子相信「人性本惡」。

詢問反抗父母的孩子們理由爲何，他們的想法往往相當扭曲，令人不禁感慨竟然能如此曲解父母的愛。

問題看起來好像只是因爲沒有讀懂父母的心，但問題絕對不止如此。

摒除部分糟糕的父母，父母是世界上最愛自己的人，是最珍惜、拉拔自己長大的人。問題的癥結點在於，**因為沒有跟自己最好的啦啦隊隊長構築起信賴關係，所以難以信任他人、與他人建立信賴關係**。

另一方面，從問卷調查的回答也可以看得出來，被父母信賴所養育長大的學生，果然也會信賴自己的父母，而且這信賴關係成了努力的動力來源。也有許多人表示**「為了回應父母的信賴而努力」**。信賴所孕育的力量是那樣的強大。請務必讓你的孩子確實感受到你的信賴跟愛，培育出孩子誠懇努力、信任他人、與他人建構信賴關係的力量。

7 給予孩子不求回報的愛
——父母最重要的任務

問卷調查結果

✶請灌注孩子無條件的愛

心理學研究有項數據顯示：**跟有條件的愛情下長大的孩子相比，被灌注無條件的愛養育長大的孩子，於未來的升學跟工作都比較成功**。例如，當孩子做了讓人不愉快的事，也不會大發雷霆、動粗，而是要孩子多注意等，經常用愛跟孩子相處是很重要的。

在閱讀心理學教科書上念到這段時，我也對照了自己的成長環境，有許多「聯想到的事」，因此我認為這是養育孩子最重要的關鍵。

（東京大學研究所K同學）

★希望父母能讓我知道「我是被他們愛著的」

希望父母能用明確的方式表達他們對我的愛。教育方針因人而異，而且也無法證實父母的教育是否為孩子人格形成的最重要因素，但是，**父母最重要的任務，是讓孩子知道他們被父母所愛著**。我對自己的存在感到沒自信，無法活得像自己。

（早稻田大學M同學）

★被父母珍惜，培育了我的自尊心

我在外頭即使碰到了不愉快的事，只要想到有家人了解我的價值，就覺得有依靠並且不畏懼，甚至也能幫助我面對困難。因為我被父母珍惜著，培育了我的自尊心。

（大阪大學工學系研究所I同學）

養育小孩「最重要的事」

——用言語跟行動表達對孩子無條件的愛

經常感覺到自己被父母無條件愛著，對孩子而言是無可取代的。這是很久之前我還是高中生時印象很深刻的往事，我有位古靈精怪的友人，他的母親常對他說：**「我覺得你真的是可愛得不得了呀。」**友人似乎很習慣被那樣講，但他還是很高興。

那時我真的非常羨慕我的友人。因爲我父母從來沒說過什麼「你真的可愛得不得了」這類的話。這讓我很感動，因爲父母的想法雖然不需要用言語也可以傳達，**但盡可能把想法化為言語，說的人與聽的人都會覺得更加幸福吧**。但更重要的是，**比起言語，父母用日常生活的行動傳遞對孩子的愛**。

我的母親是個超級沉默寡言的人。因爲她出生於明治時期，想法跟生活方式完全是由封建社會的風俗習慣與儒家思想所建構而成。各位可能不會相信，但我母親信奉的價值觀，認爲在別人面前疼愛自己的小孩是粗俗的行爲之一。

而且，因為大家庭生活不易，我的母親也沒有餘力嬌養我，或是用重視、疼愛我的言行教養我。然而，我也並未因此懷疑過母親不求回報的愛。

截至目前我重複了好幾次，要明確地傳達愛跟信賴讓孩子知道，但我的母親並不曾用言語明確表達。可是，母親對孩子的愛跟信賴卻明確地傳達給我們這些孩子。實際上，我在人生道路上遇過好幾次難以度過的難關，曾經想要結束自己的生命，而那個時候讓我打消念頭的，都是因為想到了母親。

我們兄弟姊妹多達7個人，因此有一兩次嚴重的爭吵並不奇怪。但我們兄弟姊妹彼此有共識，不想讓母親傷心，因此都分別妥協，圓滿地解決了紛爭。母親幾乎不生氣，就算生氣也完全不可怕，那麼我們兄弟姊妹為什麼會那麼怕母親生氣傷心呢？

那是因為我們知道母親為我們奉獻了一切，過去的父母都是如此。母親並不是希望我們出人頭地，也不是愛說教、或是訓示艱深難懂道理的人。我們看著**僅是老老實實、默默地為孩子付出的母親身影成長**。母親的人生就跟刺魚相似。當孩子長大離開父母身邊之後，刺魚父母就一頭撞向岩石死去。

我們兄弟姊妹不但儘量不做讓母親感到哀傷等行爲，也很努力地想讓母親展現笑容。不是只有我們家是這樣，過去住在附近鄰居的家庭也是如此。現代社會變得越來越富裕、多采多姿，但這樣的親子之間的羈絆卻一點一點地流失，實在可惜。

無論是可以成爲小說題材的熱戀中情侶，還是宛如在前世就被紅線牽引著，感情和睦的夫妻，只要在一起的時間久了，在某些地方就必須相互讓步、彼此妥協，否則良好的關係無法持久（因爲我沒有經驗，我也無法多說什麼）。然而，與此相比，父母對孩子的愛如假包換，是一輩子不求回報的愛，也因此是最可貴的。

在本書中，我長篇大論地談了好多教養孩子的秘訣，但**最後如果要我從那些秘訣當中選出最重要的，我會毫無猶豫地選擇這個章節討論的「不求回報的愛」**。

然而，想必我無需贅言，閱讀本書的各位父母應該每天都持續將愛贈予你的孩子。

就算把本書提到的所有教養秘訣都做得盡善盡美，如果沒有讓孩子感受到不求回報的愛，就不算是有在做父母應該做的工作。相反的，即使沒有全部做到本書所寫的內容，但是有好好地傳遞不求回報的愛給孩子，那樣就已經是在送給孩子寶貴的禮物了。

非常感謝各位看到最後。最後，我想向無時無刻都不吝於付出愛給孩子的媽媽爸爸致上最高的敬意。

第七章的重點

讓孩子感受到父母的信賴與愛——培養孩子為他人接受的自信

在最終章我們討論了育兒最為重要的：「讓孩子感受到不求回報的愛」的重要性。感受父母十二萬分的愛長大成人的孩子，性格天真浪漫並且認為人性本善。因為能夠信賴他人、愛他人，所以相對的也能獲得對等的信賴與愛。

人生因為被他人所愛、信賴才得以成立，被不求回報的愛灌溉茁壯而成的天真爛漫，才是長遠人生成功與否的關鍵，這麼說一點也不為過。

想要讓孩子成為經常抱持著感謝的心，被周遭的愛與信賴所圍繞的大人，必須怎麼做呢？首先，父母自己必須積極、正面思考，在充滿愛、心胸寬大的家庭環境下養育孩子，儘可能發揮孩子的潛能。

當然，也有因為父母個性或家庭因素，難以呈現那樣開朗家風或愛的表達方式的情況。但是，本質上重要的是，讓孩子能夠覺得「任何時候父母都以我為最優先考量、愛著我」，用愛與信賴感圍繞著孩子。

那麼，最後就來回顧本章的學習重點吧：

★在溫馨自在的環境下發揮孩子的才能

1.用正面思考培養孩子積極、闊達的性格

你是否以開明、闊達的方式對待孩子呢？請用被無私的愛包圍著的環境，培育孩子擁有「任誰都願意接納我」的自信。

2.父母之間絕對不可以「彼此詆毀對方」

你們是否會在孩子面前吵架呢？夫妻之間有建設性的討論跟單純的吵架辱罵完全不同。父母感情不和睦，對孩子造成的壓力之大，超乎大人的想像。

3.不要跟其他孩子比較

你是否會拿孩子跟其他兄弟姊妹或朋友比較呢？不論是誇獎還是貶斥，只要被拿去跟別人比較，就很有可能造成孩子的心靈創傷。被父母拿去跟其他孩子比較所造成的心靈傷害，就算長大成人，那樣的疙瘩也可能會跟著一輩子。

4.使用「正確的誇獎方式」發揮孩子的專長

你是否一味地胡亂誇獎孩子呢？比起才能，誇讚孩子的努力比較可以讓孩子成長。不僅是結果，也請誇獎孩子「努力的過程」。

＊用不求回報的愛守護孩子

5.有耐心地面對孩子的脫序行為

你是否做好心理準備面對孩子可能會出現的脫序行為呢？就算周遭都放棄孩子，能夠堅持到最後，不放棄孩子的只有父母。因為學校老師、朋友跟社會對孩子而言，絕對不會比父母還要親。

6.讓信賴圍繞著孩子

你是否有跟孩子建立雙向的信賴關係呢？在問卷調查中很多回答都提到「因為被信賴，所以能夠努力」。請每一天都誠懇地面對孩子，建構彼此信賴的關係。

7.給予孩子不求回報的愛

你是否有讓孩子十足地感受到父母不求回報的愛呢？對孩子而言，沒有什麼比被父母愛著的感覺還要能讓孩子感到幸福。不只是用自己的方式愛孩子，請用言語跟行動傳達你對孩子的愛。

孝順父母的重要性

暖心提醒——金武貴

「不要再叫我寫書了，再叫我寫的話，我就通報警察你虐待老人！」這是在撰寫本書的漫長路上，我的母親有時生氣、有時懇求我所說的話。

「我這種一無可取的老太婆寫什麼書，多丟人現眼啊！不但造成出版社困擾，而且內容全部都是大家都知道的東西啊！」

討厭寫書的母親在我的鞭策與激勵下，一點一點地撰寫完成本書。然而，最後母親因為我對文章嚴厲的回饋引發了恐慌症，她說每當點開我的電子郵件或電話時都會打寒顫。接了我的電話也很快就掛斷，也不太回我的郵件。

不過她還是非常努力，承受我嚴厲的批評的同時，也持續鞭策自己，最後完成了這本書。

我在陪伴本書的創作過程中，閱讀草稿時，想起我在幼年時期是如何被養育長大的，時常沉浸在懷念跟溫暖的情緒當中。

最近翻找東西時，我翻出了母親20多年前的照片，讓我不禁眼含熱淚。那個時候母親真的很年輕，而現在已經超過65歲，雖然不想承認，但事實上已經迫近70歲了。

因為母親不斷喊著我在虐待老人，為慎重起見，在此我想強調一下我對母親的愛。我的母親南瓜夫人，個性與我迥異，幾乎讓人感覺不出來兩人是母子關係，她是我知道的人當中最謙虛謹慎，而且是充滿愛的人。就像是所有的孩子一樣，母親對我而言是無可取代的。

我到現在也還記得，母親抱著4歲的我睡覺時，我想像著「如果母親從這個世界上消失的話怎麼辦」，4歲的孩子也對未來的離別感到恐慌而哭了起來。雖說如此，在那之後超過30年的親子關係中，我完全不是個孝順的兒子。為不受教、調皮搗蛋，未來不明朗的笨蛋兒子開闢出人生道路的，毫無疑問的就是我的母親。

本書跟一般的育兒書籍不同，並不是以作者南瓜夫人自身的育兒成功經驗撰寫而成，反而是大大地介紹自己反省育兒時沒有做到的地方，應該是「育兒反省集」才對？

仔細回想，我們家的教育方式可以指出很多問題：如父母總是對孩子叨念著好好念書，連去燒烤店吃個飯也不讓孩子自由點餐，不尊重孩子的自由意志；硬是強迫孩子去學各種才藝；比起讓孩子發自內心自己發現問題的教導方式，反而是情緒化地臭罵孩子的情況居多。

但我們家唯一絕對不輸給別人的是，父母對孩子不求回報的愛。雖然這不是可以拿來跟其他家庭比較的東西，但我的父母灌注無條件、極大的愛養育我這點無庸置疑。想必閱讀本書的各位，對父母應該也有相類似的感覺吧。

雖然我們都對父母偉大的愛抱持著敬畏之心，但請切記，我們所知道的父母之愛，僅是父母實際給我們的愛的冰山一角。

本書為親子雙方觀點的育兒書，同時也是培育領導能力的書。但我最後想說的是，隱藏在背後最重要的主題是：想起父母之愛的偉大並感謝，了解孝順父母的重要性。

〈後記〉

父母對孩子的愛，絕對不可隨便

南瓜夫人

非常感謝各位耐心地閱讀到最後。本書的問卷調查結果，都是由多位回答者感謝父母的心情連綴而成。透過撰寫本書，我也接觸到各種的家庭教育方針，受益良多。

在此想跟各位說的是，如果孩子總是展現笑容、喜歡閱讀、知道自己喜歡什麼、擅長什麼、習慣感謝一切、能傾聽他人的想法、有熱衷的事物，那麼你目前的育兒方法沒有什麼太大的問題。

另外，父母親應該拓展孩子的視野、讓孩子自己作主、鼓勵孩子挑戰事物並在背後支持，這樣的態度很重要。不強迫孩子學習，將孩子放置於良好的學習環境，給予動機；沒有什麼比父母注意自己的言行舉止，以身為教要來得重要。養成孩子良好的自制力與待人接物的態度、偶爾心平氣和地訓誡孩子、讓孩子自己發現過錯。最後，最重要的是，灌注無私、不求回報的愛給孩子，如此便可以說盡了父母應盡的義務。

這裡想再多談一下前面提到的孝順父母。武貴的確是比其他人更有孝順父母的意識，但他所描繪的孝順父母圖，跟我想的相差甚遠。

對父母而言，孩子長大成人，無論工作還是生活都很充實，過著幸福的日子就是最好的孝順。父母明明不想出遠門，卻被拉去海外旅遊；好不容易用習慣的電腦，子女卻說用了一年太老舊、擅自買了台新的替換等，這些行為反而造成父母困擾。

我想要跟各位孩子大聲地說：孝順父母很簡單，那就是，不要忘記總是祈求自己幸福快樂的父母的存在。偶爾用行動表達對父母的感謝之情就很足夠了。世俗所定義的孝順父母都是附帶的，沒有也沒關係。

本書介紹了所謂菁英學生的意見。但是，無論是想要培育出菁英，還是希望孩子平平安安長大就好，父母所付出的愛的多寡並沒有差異。然而，社會上「兒女不知父母心」的複雜問題太多太多，實在令人痛心。

父母健在的讀者們，如果透過閱讀本書憶起父母從自己年紀尚小沒有記憶時開始，就不斷付出不求回報之愛的回憶，那是我的榮幸。

另一方面，我也想要跟「無視孩子夢想、加諸超出孩子能力範圍的期待、摘掉孩子成長的幼苗，把孩子綁在身邊」的父母說，雖說「子欲養而親不待」，但孩子總有一天會離開家裡。因此，當孩子在父母身邊的有限時間內，灌注豐富的愛，構築良好的家庭關係是相當重要的。

對我而言，育兒過程相當辛苦，但也很快樂、有價值。那是我最被孩子需要的時期，也是我的人生中最具意義，活得最光輝燦爛、充實的日子。

我每天的生活都充滿挑戰，被好幾位友人如此讚嘆：「你有四個孩子，而且對每個都那麼拚命啊。」當然，因為沒有不重要的孩子。

父母親的「親」字，有人說那是「站在樹上觀看」（站在樹上的距離剛剛好）的意思，但我認為絕對不是那麼一回事。父母對孩子的愛，絕對不可以隨便。父母為了孩子，什麼都願意做。為了無論何時都能夠幫助孩子，嚴以律己、拓展視野、努力汲取知識跟資訊不懈怠，正是父母對孩子的愛。

有人說：「孩子在3歲之前已盡了孝道。」每當回想起看著孩子香甜的睡臉、天真無邪的笑臉，感受當下無比幸福的感覺時，就覺得這句話比喻得生動巧妙。

在孩子幼稚園跟小學的入學典禮，覺得驕傲、開心得不得了的瞬間。從孩子緊握著父母的手不放的力道，感覺到孩子站在進入社會入口的不安感，讓人非常憐惜。

只要想起這些，就會反省自己有沒有好好留意「非強迫式的教育」跟「提昇學習動機的教育」。

今後即將教養孩子的準父母，務必想起迎接孩子那一刻無比的幸福感，然後以溫柔且堅定的心養育孩子。因為育兒無法重來，且光陰似箭。

最後，在撰寫本書的過程當中，我數度訪談優秀的友人，詢問他們受過的家庭教育，或是費盡心思的育兒方法等，在此向不遺餘力協助的友人致上謝意。另外，感謝三浦岳責任編輯，總是提供我精闢的意見。然後，也請容我在此向有時讓人近乎覺得是在虐待老人，但總是不放棄持續鼓勵我的兒子武貴表達感謝之意。

國家圖書館出版品預行編目資料

一流的教養：這樣教孩子，將來他會感謝你／金武貴，南瓜夫人 著；
謝敏怡 譯. -- 初版. -- 臺北市：如何，2017.02
336面；14.8×20.8公分. --（Happy family；69）
ISBN 978-986-136-481-0（平裝）
1.家庭教育 2.子女教育 3.親子關係

528.2　　　105024447

The Eurasian Publishing Group
圓神出版事業機構
用心與你對話．視野無限寬廣
如何出版社
Solutions Publishing

www.booklife.com.tw　　reader@mail.eurasian.com.tw

Happy Family 069

一流的教養：這樣教孩子，將來他會感謝你

作　　者／金武貴、南瓜夫人
譯　　者／謝敏怡
發 行 人／簡志忠
出 版 者／如何出版社有限公司
地　　址／台北市南京東路四段50號6樓之1
電　　話／（02）2579-6600．2579-8800．2570-3939
傳　　真／（02）2579-0338．2577-3220．2570-3636
總 編 輯／陳秋月
主　　編／柳怡如
責任編輯／柳怡如
校　　對／蔡緯蓉
美術編輯／劉鳳剛．李家宜
行銷企畫／吳幸芳．張鳳儀
印務統籌／劉鳳剛．高榮祥
監　　印／高榮祥
排　　版／陳采淇
經 銷 商／叩應股份有限公司
郵撥帳號／ 18707239
法律顧問／圓神出版事業機構法律顧問　蕭雄淋律師
印　　刷／祥峯印刷廠
2017年2月　初版
2021年11月　29刷

定價 310 元　　ISBN 978-986-136-481-0